図解 わかる 会社法

弁護士法人
横浜パートナー法律事務所

新星出版社

そもそも

会社法とは？

会社法

総則から、会社の設立、株式、株主・取締役・監査役の役割、定款、解散・清算、社債、合併・分割、事業・株式の譲渡、公告、そして罰則まで、会社のほぼすべてを定めた法律

第1編　総則　用語の定義など全体的な事柄

[第1章] 通則　　　　[第2章] 商号
[第3章] 使用人等　　[第4章] 譲渡時の競業

第2編　株式会社　設立〜解散・精算まで

[第1章] 設立　　　　　[第2章] 株式
[第3章] 新株予約権　　[第4章] 機関
[第5章] 計算等　　　　[第6章] 定款の変更
[第7章] 事業の譲渡等　[第8章] 解散　[第9章] 清算

第3編　持分会社　設立〜解散・精算まで

[第1章] 設立　　　　[第2章] 社員
[第3章] 管理　　　　[第4章] 加入・退社
[第5章] 計算等　　　[第6章] 定款の変更
[第7章] 解散　　　　[第8章] 清算

会社の最も基本的なルールを定めた法律

第4編 社債 発行時の決まりごとなど

[第1章] 総則 [第2章] 社債管理者
[第2章の2] 社債管理補助者 [第3章] 社債権者集会

第5編 組織変更等 会社形態の変更など

[第1章] 組織変更 [第2章] 合併
[第3章] 会社分割 [第4章] 株式交換等
[第4章の2] 株式交付 [第5章] 組織変更等の手続

第6編 外国会社 外国に本社がある場合の
決まりごとなど

第7編 雑則 解散や合併の訴訟や登記の決まりごとなど

[第1章] 解散命令等 [第2章] 訴訟
[第3章] 非訴 [第4章] 登記
[第5章] 公告

第8編 罰則 背任や財産を危うくした場合の
罰則の決まりごとなど

約1,000条の条文に、さらに施行規則などもあります

社長をはじめとする経営陣、経営者をサポートする弁護士・税理士・公認会計士などの士業の方、社内にて経営陣の手助けをする法務・経理・総務・労務の方に会社法は必要

1 株主総会を開く

- ●株主の招集　●議題の提案
- ●決算の報告　●配当の提案　など

`社長` `役員` `士業` `総務・労務` `コンサル`

2 取締役会で決定する

- ●業務の重要事項の決定　●多額の借入の決定
- ●株式の分割　　　　　　●決算の承認　など

`社長` `役員` `士業` `総・労・経` `コンサル`

3 計算書類(決算書)を作成する

- ●損益計算書等の作成　●決算の承認　●決算の監査　など

`社長` `役員` `士業` `経理` `コンサル`

関連ある人

それぞれを行うとき、主に右のような方が関わります

社長・法務
１２３４５６
などすべて

役員
１２３４６
など

営利が目的の会社をスムーズに運営する

4 資金調達を行う

- 決算書の作成
- 銀行融資の申込み
- 社債の発行
- 出資の募集　など

社長　役員　士業　経理　コンサル

5 登記・公告する

- 登記事項の変更
- 登記の変更の公告
- 決算書の公告　など

社長　役員　士業　総務・労務　コンサル

6 M&Aを行う

- 資本提携　● 株式譲渡　● 合併・分割　など

社長　役員　士業　総・労・経　コンサル

士業
1 3 4 6
など

総務・労務・経理
1 3 4 5 6
など

コンサル
2 3 4 6
など

改正会社法の主なポイント

今回の改正はとくにコーポレート・ガバナンス（企業統治）の強化を目的として、株主総会や取締役に関する規律の見直しが盛り込まれています。主な改正点は以下の通りです。

※株主総会資料の電子提供制度の創設等の一部の改正は 2022 年 9 月施行。

株主総会関連
株主総会資料の電子提供制度の創設
《法325条の2〜325条の7》 本文P.100参照

➡これまで紙ベース（書面）で、株主宛てに提供する必要があった、計算書類や事業報告などの**株主総会の資料を、自社のホームページなどに掲載・通知する**ことができることになりました。

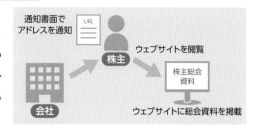

株主提案権の濫用的な行使の制限
《法305条4項、5項》 本文P.76、P.107参照

➡株主総会で1人の株主が非常に多くの議案を提案するといった、株主提案権の濫用を抑えるために1人の株主が提案できる議案の数が10までになりました。

取締役関連 〈取締役の報酬に関する規律の見直し〉
取締役の個別報酬の決定方針の開示
《法361条7項》 本文P.120参照

➡取締役の個別の報酬の内容は、これまで取締役会や代表取締役が決めることが多く、不透明でした。その見直しがされ、上場企業では、個人別の報酬内容が株主総会で決定されない場合、**取締役会はその決定方針を定め、その概要等を開示しなければならない**とされました。

取締役等へ株式等を報酬とするときの整備

《法361条1項》 本文P.121参照

➡取締役の報酬として株式や新株予約権等を付与する場合は、定款や株主総会の決議において、株式等の数の上限を定めることが義務づけられました。

《法202条の2、236条3項、4項、361条1項》 本文P.121参照

➡上場会社が取締役の報酬として株式を与えるときは出資を必要としないこととされました。

〈会社補償に関する規律の見直し〉

会社補償に必要な手続きや費用等の範囲の整備

《法430条の2》 本文P.126～P.127参照

➡取締役らの責任が問われる訴訟が起こされたとき、会社が弁護士費用や賠償金を取締役らに支払う補償契約についての手続きや補償範囲等の規定が新たに設けられました。

役員等賠償責任保険契約に関する規律の整備

《法430条の3》 本文P.126～P.127参照

➡会社が取締役らを被保険者とするD＆O保険※に加入するために必要な手続き規定が新たに設けられました。

※取締役らが職務執行に関して損害賠償責任を負う際に費用や損害賠償金を保険金で補填する保険契約。

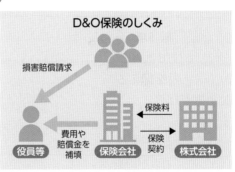

D＆O保険のしくみ

損害賠償請求

保険料

保険契約

費用や賠償金を補填

役員等　保険会社　株式会社

〈社外取締役に関する規律の見直し〉

社外取締役への業務執行の委託

《法348条の2》 本文P.149参照

➡会社と社内取締役が利益相反状況にあるときなどは、取締役会の決議で社外取締役に業務の執行を委託できることになりました。

上場企業等での社外取締役の義務化

《法327条の2》 👉本文P.148参照

➡上場会社等は1人以上の社外取締役を置くことが義務化されました。

株式交付制度

株式交付制度の新設

《法774条の2〜774条の11、816条の2〜816条の10》 👉本文P.212参照

➡自社の株式を対価として他社を子会社化する手段として、新たに株式交付制度が新設されました。これまでの株式交換制度（👉P.210参照）との違いは**子会社化するために取得する株式の割合を自由に選べる**点です。例えば51％の株式を取得して

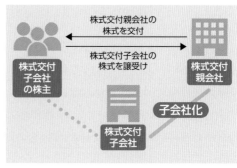

通常の子会社にすることもできますし、100％の株式を取得して完全子会社にすることも可能です。

その他

社債管理補助者の設置

《法714条の2〜714条の4、737条1項》 👉本文P.174参照

➡社債を発行するときは、原則、社債管理者を置く必要がありますが、実際は置かれていないことが多い状況でした。今回の改正により、社債管理補助者（銀行、信託会社、弁護士など）を置くことを前提に社債権者が**自ら社債の管理をする**ことをサポートできるようになりました。

議決権行使書面等の閲覧の制限

《311条4項および5項》 👉本文P.109参照

➡株主総会の議決権行使書面や委任状などは、株主が閲覧や謄写の請求ができますが、濫用的な行使を制限するために、**議決権行使書面などの閲覧拒絶事由が追加**されました。

はじめに

　この本は、会社法のことを知りたい人のための入門書です。

　以前、知り合いの経営者の方から言われたことがあります。

　「会社法なんて何一つ知らないけど、特に問題なんてなかったぞ」

　確かにこれも一つの真実でしょう。逆に、会社法をよく知っている人が、実際の会社をうまく経営できるわけでもありません。

　しかし、コンプライアンスの重要性が日々高まっている中で、会社法の基本的な内容を理解していないと、どこかで大きな問題が起こることも否定できません。細部まで正しい内容を理解する必要はないにしても、会社法の概要を知る必要は大きくなっています。

　これまでも、会社法についての多くの本が出版されています。「体系書」といわれる、本格的な本から、非常に実戦的なハウツー本のようなものまで、様々なものがあります。これらの書籍は、いずれも役に立つ、素晴らしいものです。

　その一方、ある程度会社法の内容をしっかり説明しながらも、あまり細部には入らずに、全体像をつかむことができるような書籍は、あまり見当たりませんでした。

　本書では、あまり専門的で難しい説明は避けながらも、会社法について実務上必要な知識は網羅したつもりです。全体を通して読んでいただいてもよいですし、気になる点について調べるのに、辞書のような使い方をしていただいても問題ありません。

　経営者の方以外でも、会社の総務部門などの担当者の方、税理士、社労士などの隣接士業の方にも読んでいただければ嬉しく思います。

　この書籍が、読者の方たちの会社法理解に、少しでも役立つことを希望しております。

弁護士法人　横浜パートナー法律事務所

代表弁護士　大山滋郎

第1章

会社法の基本ルール
はじめに知っておくこと

第2章

株式会社の機関のルール
株主総会、取締役など

第3章

株主と会社のルール
会社の所有者は出資者

第4章

株主総会のルール
株式会社の最高意思決定機関

第5章

役員のルール
取締役などの権限や責任

第6章

資金調達のルール
株式や社債の発行

第7章

決算と配当のルール
株式会社の計算・会計

第8章

組織再編のルール
M&A、合併、会社分割など

※本書において、会社法は「法」、会社法施行規則は「施行規則」、財務諸表等の用語、
　様式及び作成方法に関する規則は「財務諸表等規則」、会社計算規則は「計算規則」
　と表記します。

※本書はとくに表記がない限り、2023 年 1 月時点での情報を掲載しております。本書の利用
　によって生じる直接的、間接的被害等について、監修者ならびに新星出版社では一切の責任を
　負いかねます。あらかじめご了承ください。

デザイン・DTP／田中由美
イラスト／MICANO
執筆協力／和田秀実
編集協力／有限会社クラップス

第1章

会社法の
基本ルール

はじめに知っておくこと

会社とは商行為を行う法人のこと

◆ 会社は「営利」を目的にしている

　会社法は「会社の設立、組織、運営及び管理について」定めている法律です《会社法、以下「法」法1条》。

　では、会社法でいう「会社」とは、そもそも何のことでしょうか。

　会社とは**商行為を行う法人**のことです。

　会社が、会社の事業として行う活動や、その事業のために行う活動を「商行為」といいます《法5条》。商行為について、法律的には商法が細かく定めていますが、実質的には利益、とくに金銭的な利益を追求する活動のことです。つまり、会社は営利を目的にしています。これが会社の第1の特徴です。

◆ 会社は「法人格」を与えられている

　会社法は、会社を「法人とする」とも定めています《法3条》。「法人」とは「法人格」を与えられた存在です。法律上の人格が認められていて、人格には生きている人のほか、法律で定められた組織も対象になります。法人格を有することにより、法人は**人と同じように権利を有したり、義務を負う**ことになります。

　つまり、会社法により法人格を与えられた会社は、契約の当事者になったり、税金を納める義務を負ったりするのです。この、法人であることが会社の第2の特徴です。

　要するに、会社とは営利を目的とし、権利や義務の主体となれる組織ということになります。これをひと言でいうと、「商行為を行う法人」となるわけです。

法人格：権利・義務の主体となることができる法律上の資格。法律により認められた「法人」に対して、人間は法人格としては「自然人」という（⇨P.50参照）。

会社とは何か

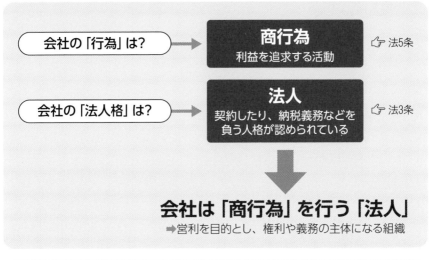

会社の「行為」は? → **商行為** 利益を追求する活動 　☞ 法5条

会社の「法人格」は? → **法人** 契約したり、納税義務などを負う人格が認められている 　☞ 法3条

⬇

会社は「商行為」を行う「法人」
➡営利を目的とし、権利や義務の主体になる組織

会社の「名前」は? → **商号** 　☞ 法6条

会社の「住所」は? → **本店の所在地** 　☞ 法4条

会社も法律上は人

CHECK! 会社には名前も住所もある

会社は、法律的に「法人」という名の「ヒト」ですから、名前も住所もあります。会社の名前（名称）は「商号」です《法6条》。商号には、会社法や商法、その他の法律で様々なルールが定められています（☞P.40参照）。商号に「株式会社○○○○」など、会社の種類を入れなければならないのも、そのルールの1つです。一方、会社の住所は「本店の所在地」と決められています《法4条》。

会社法は会社の最も基本的な ルールを定めた法律

◆ 会社法は第1編から第8編まである

会社法は、会社のほとんどすべてについて定める法律ですから、全体で979条もある長大なものです。右図は、会社法の「目次」の一部を抜き出したものですが、第1編から第8編までの流れを見ると、いろいろな会社の種類から、社債の発行、組織の再編に至るまで、広範囲に様々なルールを定めていることがわかります。

これは、会社が営利を追求するものである以上、**出資者や取引先が不利益をこうむらないように、相互のバランスをとる必要がある**からです。出資者などの利害関係者、取引先の保護は、会社法の重要な役割の1つになっています。

◆ 株式会社の設立から解散、清算まで定めている

右図では「第1編　総則」と「第2編　株式会社」については、章までを書き出しましたが、とくに第2編の株式会社を見ると、会社の設立から事業の譲渡、解散、清算まで、**会社の一生にわたるルールが定められている**ことがわかります。

ちなみに、章の下に「節」、節の下に「款」「目」という小分類までされている場合があり、その下が「条」です。

CHECK! 会社法施行規則や会社計算規則もある

会社法には979条の条文と附則がありますが、それでも定めきれない細かいルールが存在します。それらを定めているのが「会社法施行規則」や「会社計算規則」などの施行規則です。施行規則は、国会で制定する法律ではなく、省令（会社法の場合は法務省令）になっています。また、有限会社に関する会社法の特則を定めているのが「会社法の施行に伴う関係法律の整備等に関する法律」という長い名前の法律です。

---

14 | MEMO | **施行規則**：法律などの施行のために必要な細則や、法律などの委任にもとづく事項を定める省令。なお、同じような法律の細則でも、内閣が定めるものは「施行令（政令）」という。

会社法の「目次」

会社法

会社法施行規則	会社計算規則	会社法の施行に伴う関係法律の整備等に関する法律

会社法は以前あった3つの法律から生まれた

◆ 会社について定めていた3つの法律とは

　会社法は、2005年（平成17年）に成立し、2006年（平成18年）に施行された、比較的新しい法律です。

　それ以前は、会社について定める3つの法律がありました。商法（第2編）、商法特例法（株式会社の監査等に関する商法の特例に関する法律）、有限会社法の3つです。会社に関するルールを調べるときは、3つの法律を参照しなければならず、関係者には不評だったのです。

　そこで2005年に、**3つの法律がまとめられ、会社法という新しい法律に生まれ変わった**のです。ちなみにそれ以前は、商法の第2編や、3つの法律をまとめて、一般に「会社法」といっていたので、成立当時はわざわざ「新会社法」と呼ばれていました。

◆ 2度の大きな改正を経て現在の会社法になった

　会社法は成立後に、大きな改正が2度行われています。会社法は、ビジネスを行う会社のルールを定める法律なので、社会情勢や経済情勢の変化に対応して、スピーディに改めていく必要があるからです。

　まず、2014年（平成26年）に成立した改正では、**企業統治の強化、親子会社に関する規律の整備**などが目的とされました。親会社の株主が、子会社の取締役などに株主代表訴訟を起こせる、多重代表訴訟制度の新設などが行われています（⇨P.158参照）。

　次に、2019年（令和元年）に成立し、2021年（令和3年）3月に大半が施行された改正では、会社をめぐる社会・経済情勢の変化に考慮して、**株主総会の運営や、取締役の職務執行の適正化**などが目的とされました。株主総会資料のインターネットによる電子提供制度（⇨P.100参照）、取締役の報酬の透明化、上場会社などに対する社外取締役の設置義務化（⇨P.148参照）などの改正が行われて、現在の会社法に至っています。

MEMO **企業統治**：コーポレート・ガバナンス。株式会社は株主のものという考え方のもとで、経営者による会社の経営を監視するしくみ。社外取締役を置くこともその1つの例。

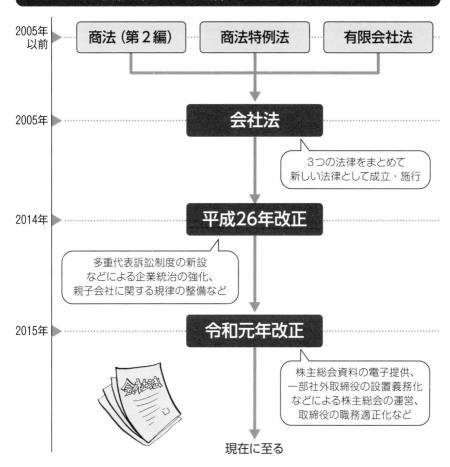

会社法は3つの法律をまとめて生まれた

| 2005年以前 | 商法（第2編） | 商法特例法 | 有限会社法 |

2005年 **会社法**

3つの法律をまとめて
新しい法律として成立・施行

2014年 **平成26年改正**

多重代表訴訟制度の新設
などによる企業統治の強化、
親子会社に関する規律の整備など

2015年 **令和元年改正**

株主総会資料の電子提供、
一部社外取締役の設置義務化
などによる株主総会の運営、
取締役の職務適正化など

現在に至る

CHECK! 会社法は漢字かな交じりの口語体

会社に関するルールが3つの法律に分かれていたこととともに、商法の条文の古めかしさも不評でした。1899年（明治32年）に制定された商法は、当時の通例で漢字とカタカナ、しかも文語体で書かれた部分が残っていたのです。会社法では、それが現代の普通の漢字かな交じりの口語体に直されました。また、商法に残っていた漢字とカタカナの文語体も、2018年（平成30年）に成立した改正で直されています。なお、会社法の施行にともない、商法の旧第2編は削除、商法特例法と有限会社法は廃止になっています。

会社法では４種類の会社が定められている

❖ 株式会社と、3種類の持分会社がある

　会社法における「会社」という用語の定義は、「**株式会社、合名会社、合資会社又は合同会社をいう**」となっています《**法2条一号**》。この4種類の会社が、会社法で定められた「会社」です。

　ちなみに、身近でよく見かける有限会社は、現在では株式会社の一種という位置づけになっています。

　4種類のうち、合名会社、合資会社、合同会社の3つを総称して「持分会社」といいます。

　株式会社と持分会社の最大の違いは、出資者と経営者の関係にあります。株式会社では、**出資者（株主）は自ら会社の経営を行わず、株主総会で経営者を選任する**のが前提です（所有と経営の分離 ☞P.26参照）。

　一方、持分会社では出資者を「社員」と呼びますが、**社員が会社の経営にあたるのが原則**になっています《**法590条**》。

❖ 3種類の持分会社は、社員の責任の持ち方が違う

　では、3つの持分会社の違いは何でしょうか。

　持分会社には「無限責任」の社員がいる場合があります。無限責任とは、会社の債務を会社の資産で返済しきれない場合に、個人の資産で返済しなければならないという、重い責任です。株式会社の株主にはこのような責任はなく、出資した株式の分だけ責任を持つ「有限責任」になっています。つまり、会社の借金などが多くても、株主は出資したお金を超えて返済する義務などはないということです（☞P.24）。

　持分会社のうち、合名会社は**個人の資産まで無限責任を持つ社員だけ**です。しかし合資会社には**無限責任の社員と、出資した分だけ責任を持つ有限責任の社員の両方**が存在します。合同会社は株式会社と同じく、**有限責任の出資者＝社員だけ**です。

MEMO **議決権**：株主の議決権とは、株主総会の決議に参加して、投票できる権利のこと。議決権の数は、株主1人につき1票ではなく、保有する株式の数に応じて決まる（☞P.78参照）。

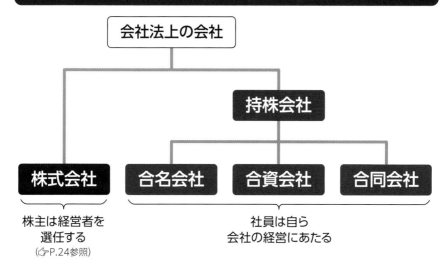

会社法の4種類の会社の違い

会社法上の会社

持株会社

株式会社 ── 株主は経営者を選任する（⇨P.24参照）

合名会社　合資会社　合同会社 ── 社員は自ら会社の経営にあたる

● 債権者に対する責任の持ち方の違い

株式会社		合名会社	合資会社	合同会社
	無限責任	○	○	
○	有限責任		○	○

CHECK!　会社法で新設された「持分会社」

持分会社は、合名会社、合資会社、合同会社の３つの種類の会社の総称ですが、じつは会社法で新たに設けられた名称です。会社法以前の商法では、会社の種類（類型）は株式会社と合名会社、合資会社だけが定められていました（有限会社は有限会社法）。会社法ができたときに、合同会社という種類が新設され、合名会社、合資会社と合わせて「持分会社」と呼ぶことにしたのです。会社法の第３編は持分会社ですが、基本的に３つの種類の会社に共通するルールがまとめて定められ、会社の種類によって異なる事項は「○○会社である場合には……」と特記する形がとられています。

出資者が自分で経営に あたるのが持分会社

❖ 出資者である社員の地位や権利が「持分」

　持分会社について、もう少し詳しく見てみましょう。

　持分会社では、出資者を「社員」と呼びます（⇨P.38参照）。前項でふれたように、この社員が自ら経営にあたる点が、株式会社との最大の違いです。

　持分会社の社員の地位や権利は「持分」といいます。株式会社の場合、株主の地位や権利＝株式が、原則として譲渡（売却）自由なのに対して、持分の譲渡には、原則として社員全員の承諾が必要です《法585条》。

❖ 組合と似たしくみで、小規模会社向き

　持分会社の意思決定は、社員の多数決で決まります。株式会社の株主は、保有する株式の数に応じて株主総会の議決権を与えられますが、持分会社では持分に関係なく、社員の頭数で数えて意思決定を行うのです。社員が複数いる場合は、過半数で決定を行うのが原則です《法590条2項》。

　会社の経営にあたる社員（業務を執行する社員）は、とくに代表者を定めない限り、持分会社を代表することができます《法599条》。社員が2人以上いる場合も、各自が持分会社を代表するのが原則です。

　代表には業務（経営）に関する一切の権限があるため、契約を結んだり、裁判を起こしたりできますが、代表でないとこれらの権限はありません。

　利益や損失の分配は、各社員の出資額に応じて決めますが、定款で定めれば自由に変更することもできます《法622条》。

　これらは、民法上の「組合」と似たしくみです《民法667条以下》。持分会社は全体として、小規模な会社に向いた形態といえます。互いに信頼関係がある少人数が集まって、設立・運営する会社をイメージするとよいでしょう。株式会社が大規模な会社向きで、所有と経営が分離しているのとは逆です（⇨P.66参照）。

MEMO　**定款**：代表者の名前や所在地、業務内容など会社の基本的な事柄を記した書面のこと。

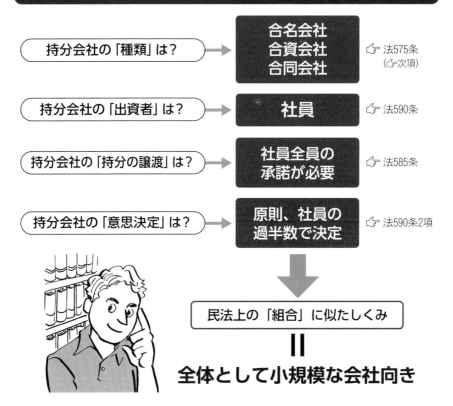

持分会社とは何か

持分会社の「種類」は？ → 合名会社 合資会社 合同会社　☞法575条（☞次項）

持分会社の「出資者」は？ → 社員　☞法590条

持分会社の「持分の譲渡」は？ → 社員全員の承諾が必要　☞法585条

持分会社の「意思決定」は？ → 原則、社員の過半数で決定　☞法590条2項

↓

民法上の「組合」に似たしくみ

＝

全体として小規模な会社向き

CHECK! 入社・退社もできるが、定款の変更が必要

持分会社では、社員の氏名（合同会社の社員が法人の場合は名称）、住所が定款の記載事項です。ですから、新しく社員を加入させることはできますが《法604条》、定款の変更が必要になります。その定款の変更には、原則として社員全員の同意が必要です《法637条》。退社は、6ヵ月前に予告をしたうえで、原則として事業年度の終了時ですが、やむを得ない理由があるときは、いつでも退社できるという定めがあります《法606条3項》。その他、法定退社とされるのは、定款で定めた事項、社員全員の同意がある場合、それに死亡などです。死亡の場合、定款に定めておけば、相続人などが持分の相続や承継ができます《法608条》。

3種類ある持分会社は
どんな違いがあるか

◆ 合名会社と合資会社には、無限責任社員がいる

　ここで、3種類の持分会社の違いなどを詳しく見てみましょう。

　まず合名会社は、社員全員が無限責任社員である点が特徴です。そのことを定款に記載しなければなりません《法576条2項》。会社が借金を返済できないときに個人が返済義務を負う無限責任は、債権者や取引先から見ると非常に安心な形態なので、合名会社の設立手続きなどは比較的簡単です。

　一方、合資会社には無限責任社員と有限責任社員がいます。そのことを定款に記載することが必要です《法576条3項》。

　ところで、合名会社と合同会社の社員は、1人でもいればよいことになっています。解散の条件として「社員が欠けた（1人もいなくなった）こと」があげられているからです《法641条四号》。しかし合資会社には、無限責任と有限責任の社員がいるので、最低2人が必要になります。

　では、どちらかが退社して、社員が1人になったらどうするのでしょうか。その場合、「みなし変更」という定めがあります《法639条》。無限責任社員だけになったときは合名会社に、有限責任社員だけになったときは合同会社になるという、定款変更をしたとみなされる定めです。

◆ 合同会社は、有限責任社員だけの持分会社

　合同会社は、有限責任社員だけがいる持分会社です。

　合同会社は、同じく有限社員だけの株式会社と違い、持分会社なので社員が経営にあたります。持分の譲渡には、原則として社員全員の同意が必要です。このあたりが出資者自身が代表取締役になっている株式会社と異なるところです。株式会社はオーナー社長でも株式を譲渡できるのです。

　なお、合同会社は他の持株会社と異なり、利益の配分などは必ずしも出資額に応じる必要がなく、定款に定めることで自由に決めることができます。

3種類の持分会社の違い

合名会社 ‥‥‥‥▶ **無限責任社員** だけと定款で定める
☞ 法576条2項

もし無限責任社員だけになったら
合名会社になったとみなされる
☞ 法639条

合資会社 ‥‥‥‥▶ **無限責任社員** ＋ **有限責任社員**

と定款で定める
☞ 法576条3項

もし有限責任社員だけになったら
合同会社になったとみなされる
☞ 法639条2項

合同会社 ‥‥‥‥‥‥‥‥‥‥‥‥‥▶ **有限責任社員**

だけと定款で定める
☞ 法576条4項

CHECK! 合同会社の手本になったアメリカの「LLC」とは

会社法で、合同会社の会社類型を創設する際に、手本となったのがアメリカにある「LLC」という会社の形態です。その最大の特徴は「パススルー課税」という課税制度にあります。通常、会社では会社の所得に法人税、社員の配当に所得税が課税され、一種の二重課税になるのが普通です。LLCでは、会社に対する法人税が課税されず、会社の利益が社員に分配されたものとして、個人に課税されるというしくみになっています。このパススルー課税は、残念ながら日本の合同会社には導入されませんでしたので、法人にも個人にも課税されます。代わりに導入されているのが「有限責任事業組合」（LLP）という制度です。会社ではなく組合ですが、パススルー課税が認められます。ただし、これを定めているのは会社法ではなく、「有限責任事業組合契約に関する法律」という法律です。

MEMO **LLC・LLP**：それぞれLimited Liability Company、Limited Liability Partnershipの略。LLCは有限責任会社の意味。LLPは有限責任事業組合。

株式を発行し、出資を受けてつくるのが株式会社

◆ 会社のうちで最も身近な「株式会社」

　多くの人にとって、身近なのが「株式会社」でしょう。株式会社とはどんな会社なのか、ここでは持分会社と比べることで明らかにしていきます。

　株式会社の出資者は「株主」と呼びます。持分会社の出資者である「社員」は、出資とともに会社の経営にあたりますが、**株主は原則として、重要な事項以外、経営に携わりません**。これが「所有と経営の分離」ですが、詳しくは次項で説明します。

◆ 株主はあくまでも「有限責任」

　株主としての、地位や権利が「株式」です。持分会社の「持分」にあたるものですが、原則として**株式は譲渡自由である**点が異なります《**法127条**》。持分会社の持分の譲渡には、原則として社員全員の同意が必要です。

　さらに、**株主は株式の価額だけの有限責任を負っています**《**法104条**》。簡単にいえば、会社が債務を負って返済しなければならないとき、出資額は戻ってこないということです。しかし逆にいえば、借入などの負債が返済できないケースになったとしても、出資した株式の金額以上は何も負担しないでよいことになります。

　合名会社や合資会社の無限責任社員は、そうではありません。個人の財産の全部を費やしてでも、会社の債務を返済する義務があります。

　一方、出資者の権利として、**配当が会社から支払われる**などの点は、持分会社も株式会社の場合も共通です。ただし、無限責任社員がいない株式会社などは、配当など利益の分配に厳しい規制があるなどの違いがあります（⇨P.196参照）。

　以上のような特徴から、株式会社は持株会社に比べ、全体として**不特定多数の出資者から資金を集め、大きな会社をつくるのに適している**会社の形態といえます。

株式会社と持分会社の違い

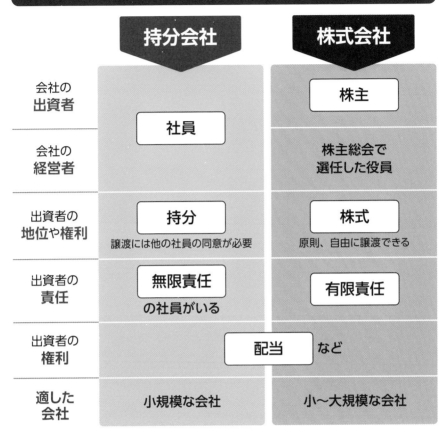

	持分会社	株式会社
会社の**出資者**	社員	株主
会社の**経営者**		株主総会で選任した役員
出資者の**地位や権利**	持分 譲渡には他の社員の同意が必要	株式 原則、自由に譲渡できる
出資者の**責任**	無限責任の社員がいる	有限責任
出資者の**権利**	配当 など	
適した会社	小規模な会社	小〜大規模な会社

CHECK! 上場会社の株主の権利は電子化されている

株式という、株主の地位や権利をあらわすものが「株券」ですが、上場会社の株式に関する「紙の株券」はすべて廃止されています。現在では、株券を使用して行われてきた株主の権利の管理は、証券保管振替機構と、証券会社などの金融機関に開設された口座で、電子的に行われているからです。これを「株券の電子化」とか「株式のペーパーレス化」といいます。この制度は「社債、株式等の振替に関する法律」という法律にもとづくものです。

その他の企業の場合は、定款に「株券を発行する」などと記載したときだけ株券が発行され、それ以外は上場企業と同様で株券は発行されません。

MEMO **証券保管振替機構**：略称「ほふり」。証券会社などから預かった、投資家の株式などを集中保管し、名義書替えや売買による受渡し、発行会社への株主通知などを行っている。

株主は株式会社の所有者であり、経営者ではない

❖ 「所有と経営の分離」とは

　株式会社の最大の特徴は、**株主が会社の所有者であって、経営者ではない**ということです。持分会社の社員が、所有者であると同時に経営者であるのとは大きく異なります《**法590条**》。

　そもそも株式会社では、**株主以外に最低１人の経営者（取締役）を置かなければならない**決まりです《**法326条**》。取締役以外にも、経営のための役員や組織を置ける定めがあります《**法326条2項**》。株式会社はもともと、会社の所有者と経営者を分けることを前提につくられているのです。これが「所有と経営の分離」です。

　もっとも、株主が１人ではいけないとか、株主が経営にあたってはいけないという決まりはないので、現行の会社法のもとでも、いわゆる「１人会社」も可能です（⇨P.62参照）。中小企業では、出資者が代表取締役を兼ねているオーナー社長の会社が多いですが、会社法では所有と経営を分離させることが前提になっています。

❖ 経営者ではないから株式の譲渡も自由

　株式には、**譲渡が自由という原則**があります（株式譲渡自由の原則 ⇨P.80参照）。これも、株式会社の所有と経営が分離していることが前提だからこそ、可能になっているのです。

　ここが、同じ有限責任である合同会社と大きく異なる部分です。持分会社では、持分を譲渡するのに原則として社員全員の同意が必要とされますが、これは持分会社の経営に他者が簡単に入り込むことを防ぐためです。

　株式会社と異なり、持分会社ではいわば「所有と経営の一致」が行われているのです。

MEMO **業務の執行**：持分会社では「業務を執行する社員」を定款で定めることができる。定款で定めた社員が２人以上いる場合は、原則として業務を執行する社員の過半数で業務を決定する。

株式会社は所有と経営が分離している

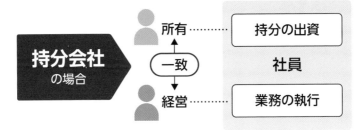

法第590条　社員は、定款に別段の定めがある場合を除き、持分会社の業務を執行する。

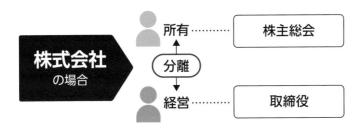

法第326条　株式会社には、一人又は二人以上の取締役を置かなければならない。
2　株式会社は、定款の定めによって、取締役会、会計参与、監査役、監査役会、会計監査人、監査等委員会又は指名委員会等を置くことができる。

CHECK! 会社の所有者は一切を決められるが……

株式会社では所有と経営が分離しているといっても、株主は会社の所有者ですから、株主総会は会社の「組織、運営、管理その他株式会社に関する一切の事項について決議」できるとされています《法295条》。その際、決議への影響力は、会社を所有している割合、つまり保有している株式の数によるのが原則です（株主平等の原則 ⤷P.78参照）。ただし、そのつど株主総会を開いて一切を決めるというのは現実的でありません。そこで、取締役会を置く会社では、株主総会は会社法と定款で定めた事項だけを決議できるとされています《法295条2項》。ここでも所有と経営の分離がはかられているわけです。

会社を設立すると、個人事業とは何が変わるのか

◆ 複数の人で設立すれば、より大きな資金が集まる

そもそも、会社を設立することには、どのようなメリットがあるのでしょうか。

よくいわれるのは、**税金が安くなる＝節税ができる**、ということです。確かに、会社を設立し、個人は会社から給与を受け取る形にすると、多くの場合、個人事業よりもトータルでの税金が安くなります。

しかし、それだけではありません。事業のための資金について考えてみると、1人で出資するより、複数の人が資金を出し合ったほうが多額の資金を集めることができます。そのため、**より大きな事業が可能になる**ということです。とくに、不特定多数の人から資金を集めるなら、株式会社に勝るものはありません。

◆ 会社と個人では対外的な信用力が違う

会社を設立すると、会社法により法人格が与えられます**《法3条》**。この、法人であることが、会社を設立する最大のメリットです。

まず、取引先などの対外的な信用力に格段の差があります。個人事業主とは取引をしない会社があるし、個人事業では許認可が下りない業種などがあるのも現実です。

この対外的な信用力は、**事業資金の調達**にも影響します。個人事業主が、金融機関から事業資金の融資を受けるには、高いハードルがありますが、会社であれば一定の実績や資産、さらに将来性なども検討されたうえで、融資が下りるのが一般的です。

また、会社の将来をになう**優秀な人材の確保**も、法人である会社が有利になります。個人事業主のもとに就職しようという人材は、特殊な場合を除いて考えられません。一方、一定以上の規模の会社なら、新卒の学生からキャリア転職組まで、リクルートの対象になります。

MEMO **会社の税金**：近年、法人税は税率が一定なので、所得が多い場合には所得税よりも安くなることがある。給与を受け取ると、給与所得控除にも所得税の節税効果がある。

会社を設立するメリットとは

会社＝　**法人**

法人であるため 対外的な信用力が高い

➡個人では取引ができない会社もある
　個人では許認可が下りない業種がある

対外的な信用力が高いため 資金調達力が高い

➡金融機関の融資なども受けやすい
　個人では事業資金の融資はハードルが高い

法人であるため 優秀な人材を確保しやすい

➡会社であれば就職や転職の対象になる
　個人事業主では就職先の対象になりにくい

会社経営にともなう リスクが低減できる

➡株主・有限責任社員の責任は出資額まで
　ただし無限責任社員は全債務に責任を負う

CHECK! 　**有限責任社員なら会社設立のリスク低減が可能**

株式会社の株主と、合資会社・合同会社の有限責任社員は、株式と持分の出資額だけの責任を負います《法104条、580条2項》。つまり、個人事業主と異なり、事業の債務を個人の財産で返済する義務がありません。事業を行うにあたって、リスクの低減ができます。この面からいっても、株式会社や合同会社を設立するメリットがあります。

会社の目的は定款に記載しなければならない

◆ 会社の設立には必ず「目的」を定める

会社の設立にあたっては、どの種類の会社でも「目的」を定めることが必要です。

なぜなら、会社を設立するときに必要な**会社の定款**（⇨P.34参照）に**必ず目的を記載しなければならないから**です（株式会社については《**法27条**》、持分会社については《**法576条**》）。また、会社の目的は、設立登記の際の登記事項でもあります《**法911条**》。

右図に、目的として記載する内容の例をあげました。多くの会社では、この内容に続けて「前各号に附帯する一切の業務」といった文言が追加されています。こうした文言は、将来的にメインの目的に隣接する事業に進出する際などに、いちいち定款変更をしなくていいようにする効果があります。

◆ どこまでが会社の目的の範囲内か

会社は、会社法により法人格を与えられています。そのため、権利義務の主体になることができます。ただし、**どのような範囲の活動で権利義務の主体となれるか、目的を定めて記載する**ことで、明らかにしておく必要があるということです。逆にいえば、会社の目的の範囲外の活動では、権利義務の主体になれないことになります。これらによって取引先などは安心して取引することができます。

では、どこまでが目的の範囲内といえるのでしょうか。法律には明確な線引きがないので、裁判による判例が基準になっています。有名なのは、1970年に最高裁で判決が出た株主代表訴訟（⇨P.156参照）の判例です。

製鉄会社の代表取締役が、会社の名前でした政治献金が、会社の目的の範囲内であるか否かが争われました。その結果、政治献金は会社の目的達成のために必要な行為であり、目的の範囲内という判決が出ています。

判例：裁判の先例のこと。特定の裁判所が、特定の訴訟に対して下した判断だが、似たような訴訟の裁判の先例となる。

会社の「目的」

例

- 書籍、雑誌、その他の印刷物及び電子出版物の企画、編集、制作、出版並びに販売 ➡ **出版業**
- 土木工事及び建設工事の設計、施工、請負並びに監理 ➡ **建設業**
- 不動産の売買、賃貸、管理、仲介、保有及び運用 ➡ **不動産業**
- 飲食店及び喫茶店の経営 ➡ **飲食業**
- 生鮮食品、保存食品及び加工食品の販売 ➡ **小売業**
- 損害保険代理業 ➡ **保険業**
- 一般貨物自動車運送業 ➡ **運送業**
- 介護保険法に基づく居宅サービス事業 ➡ **介護業**
- 企業の経営に関するコンサルティング ➡ **経営コンサルティング業**

| 定款 | ⬅ 記載が必須 ➡ | 登記 |

「目的」を定めないと
会社が設立できない

CHECK! 会社の目的は広く解釈されることが多い

左ページの政治献金の判例は、定款に記載した目的だけでなく、目的達成のための手段も目的の範囲内としています。これ以外でも、会社の目的に関する判例では、目的がより広く解釈されるケースが多いようです。取引の相手などにすれば、取引のつど、いちいち、会社の目的の範囲内の取引かなど、確認することは困難といえます。また、事業の内容が変わるたびに、定款を書き換えることは現実的でないからです。もちろん、全く別の業務を行うようなケースでは書き換えが必要です。

株式会社の設立手順

定款を作成し、出資し、取締役等を選び、登記する

◆ まず発起人が会社の定款を作成する

　会社は、どのようにしてつくられるのでしょうか。ここでは、株式会社を例にして、会社設立の手続きを見てみましょう。

　株式会社の設立手続きには、2種類あります。1つは、設立の際に発行する株式を、発起人がすべて引き受ける「発起設立」です。

　もう1つは、発起人が株式の一部を引き受け、残りについては株主を募集する方法で、「募集設立」といいます。

　どちらの場合もまず必要なのは、発起人が設立する会社の定款を作成することです《法26条》。作成した定款は、公証人の認証を受けると有効になります《法30条》。

◆ 発起設立と募集設立で手続きが異なる

　発起設立の場合は、このあと、発起人が株式発行価額の払込みを行います《法34条》。もし、期日までに払込みをしない発起人がいると、株主になる権利を失う決まりです《法36条》。発起人はさらに、設立時の取締役などを選任します《法38条》。

　一方、募集設立の場合は、発起人が引き受けた以外の株式について、引受人を募集することが必要です《法57条》。引受人が引受価額の全額を払い込み《法63条》、その後、創立総会を開きます《法65条》。募集設立の場合は、設立時の取締役などは、この創立総会で選任される決まりです。

　発起設立と募集設立のどちらの場合も、最後に本店の所在地を管轄する登記所で設立登記を行います。この登記をすることによって、株式会社が成立します《法49条》。

　なお、金銭以外の資産を出資する現物出資などがある場合は、原則として検査役の選任を裁判所に申し立てることが必要です《法33条》。

MEMO **発起人：** 会社設立の際の発起人とは、定款に発起人として署名または記名押印した人をいう。定款の作成と、株式会社の場合は最低1株の株式を引き受ける義務がある。

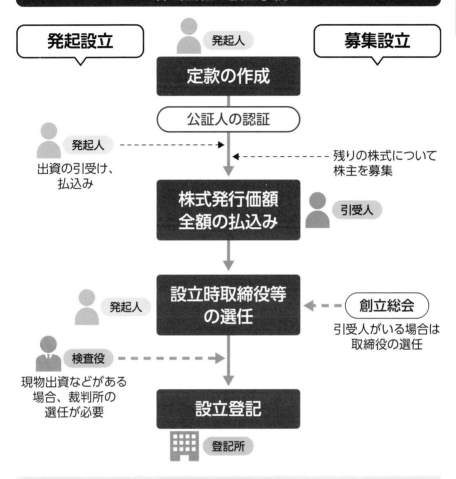

株式会社の設立手続き

発起設立

発起人

募集設立

定款の作成

公証人の認証

発起人
出資の引受け、払込み

残りの株式について株主を募集

株式発行価額全額の払込み

引受人

設立時取締役等の選任

発起人

創立総会
引受人がいる場合は取締役の選任

検査役
現物出資などがある場合、裁判所の選任が必要

設立登記

登記所

CHECK! **持分会社の設立は比較的簡単**

持株会社の中でも、合名会社と合資会社の設立は簡単です。基本的に定款を作成し、設立登記をすることで会社が成立します《法575条、579条》。定款の公証人認証は不要で、出資額の払込みは成立の条件になっていません。ただし、合同会社だけは、出資額の払込みが必須です。社員になる人は、原則として設立登記までに、出資額全額を払い込まなければなりません《法578条》。合同会社は株式会社と同様、有限責任の社員だけで構成されているので、取引先などの利害関係者を保護する必要があるためです。

会社の目的も商号も
所在地も定款に記されている

◆ 定款には絶対的、相対的、任意的記載事項がある

　会社の設立にあたって、真っ先に作成する「定款」とは、**会社の基本を定めた規則**のようなものです。会社の目的は何か、何と称するか（商号）、住所（本店所在地）は、などがすべて書かれています。持分会社も定款を作成しなければなりませんが、社員の氏名（または名称）、住所、無限責任社員か有限責任社員かの別など、書かなければならないことが少し異なります。ここでは、株式会社の定款について説明しましょう。

　定款に記載する事項には、絶対に書かなければならない事項、書かなくてもよいが、書かないとその事項の効力が生じない事項、書かれていれば会社の決まりとなる事項の3種類があります。会社法では呼び方を決めていませんが、それぞれを「絶対的記載事項」「相対的記載事項」「任意的記載事項」と呼ぶのが一般的です。

◆ 定款にはどんなことが定められるか

　絶対的記載事項には、右図のようなものがあり、①から⑤は法27条に定められています。

　相対的記載事項は、書かれていなくてもかまいませんが、**定款に書かれていないと効力が発生しない事項**です。例えば、株式の譲渡制限は定款で定めて初めて可能になります。株式会社は原則自由に株式を譲渡することができますが、定款に記載することで、条件で絞ることができるようになるのです。また、株主総会、取締役以外に、例えば取締役会、監査役（☞P.52参照）といった機関を置く場合も、定款に定めが必要です。

　任意的記載事項の代表的なものには、基準日や会社の事業年度の定めなどがあります。定款に定めないと効力がないわけではありませんが、定款に書かれていると、それを**変更するためには定款変更の手続きが必要**になります。

発行可能株式総数：会社が発行できる株式の数。公開会社（☞P.168参照）では、設立時に発行する株式の数が、発行可能株式総数の4分の1を下回ってはいけない。

定款の記載事項（株式会社の場合）

必ず書かなければならないこと

絶対的記載事項	①目的（会社の目的） ②商号（会社の名称） ③本店の所在地（住所） ④設立に際して出資される財産の価額又はその最低額（資本金など） ⑤発起人の氏名又は名称及び住所　｝法27条に規定 ●発行可能株式総数　➡法37条に規定

場合によって書かなければならないこと

相対的記載事項（例）	●現物出資　●株式の譲渡制限（⇨P.82参照） ●種類株式の発行（⇨P.84参照）　●単元株式数（⇨P.88参照） ●株券の発行（⇨P.70参照）　　●株主総会の決議の方法 ●株主総会、取締役以外の機関の設置（⇨P.50参照） ●役員の責任の減免　　　　●公告の方法（⇨P.44参照）　など

書かれていれば会社のルールになること

任意的記載事項（例）	●基準日　●役員の人数　●事業年度 ●定時株主総会の招集時期（⇨P.98参照）　など

CHECK!　定款は会社の本支店に備えておく

定款は、株式会社の成立後は、会社の本店と支店に備えておかなければなりません《法31条》。そして営業時間内に、発起人、株主、会社の債権者の請求があれば、閲覧できる状態にしておくことが必要です。ちなみに、定款は「電磁的記録」によって作成することも認められています《法26条2項》が、その場合は紙面か映像で表示するとされています《施行規則222～226条》。電磁的記録とはパソコンのハードディスクやCD-ROMなどに記録されたデータのことで、「磁気ディスクその他これに準ずる方法により一定の情報を確実に記録しておくことができる物をもって調製するファイルに情報を記録したもの」というのが定義です《施行規則224条》。

MEMO　基準日：株主の確定のために、会社が定める一定の日。効力発行日ともいう。基準日に、株主名簿に記載されている株主が、株主総会の議決権や配当など、株主の権利を行使できる（⇨P.90参照）。　35

株式会社では原則として
出資の払戻しが認められない

❖ 出資は金銭のほかに現物出資も可能

　会社法第2編「株式会社」第1章「設立」の第2節「定款の作成」の次は、第3節「出資」となっています。主に、会社設立時の発起人の出資について定めた部分です。発起人が株式を引き受けた後、速やかに（「遅滞なく」）全額を払い込むこと（⇨P.32参照）なども、ここで定められています《法34条》。

　ただし、出資は必ずしも現金とは限りません。会社法では金銭とともに、「金銭以外の財産」を拠出することを「出資の履行」と呼んでいます《法35条》。例えば、**土地や建物といった不動産をはじめ、自動車、有価証券などを出資することも可能**です。これらを「現物出資財産等」と呼んでいます《法33条10項》。

❖ 発起人が出資の払戻しを受けるには

　株式会社では、**出資した金銭や財産を出資者に払い戻すことは、原則としてできない**ことになっています。発起人が出資した金銭や財産は、会社の資本金や資本準備金になるものです（⇨P.68参照）。それを払い戻すと、資本を減らすこと、つまり実質的な減資になってしまい、債権者保護の観点などから問題があります。

　株主が出資を取り戻すには、株式の譲渡（売却）によるのが原則です（株式譲渡自由の原則 ⇨P.80参照）。

　しかし、株式の譲渡に制限があり、会社が譲渡を承認しない場合は、それができません。そこでそのような場合は、会社に株式の買取りを請求できることになっています。

　これは、出資者にすれば出資の払戻しですが、**会社にとってみれば自己株式の取得**です。そこで、自己株式の例外的な取得として認められています。

 資本準備金：出資された金銭は一部を資本準備金に回すことができます。資本金額が小さいと、税法上で有利な場合などに利用されます。

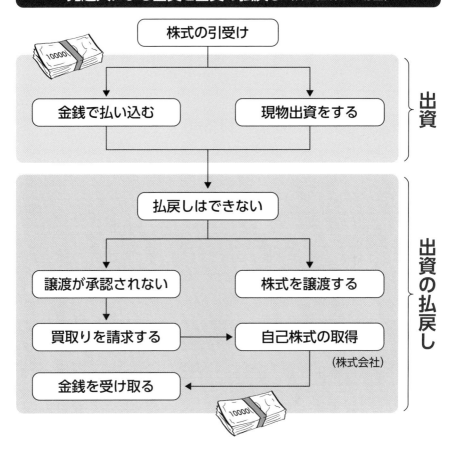

発起人による出資と出資の払戻し（株式会社の場合）

株式の引受け

出資
- 金銭で払い込む
- 現物出資をする

出資の払戻し
- 払戻しはできない
- 譲渡が承認されない → 買取りを請求する → 金銭を受け取る
- 株式を譲渡する → 自己株式の取得（株式会社） → 金銭を受け取る

CHECK! 持分会社では出資の払戻しが認められる

持分会社では、社員が連帯して債務を返済する義務を負います《法580条》。そのため、資本金や資本準備金が減っても、債権者保護などの問題が生じません。そこでわざわざ「出資の払戻し」という一節を設けて、社員が払戻しを請求できると定めています《法624条》。金銭以外の財産の場合は、相当する金銭の払戻しを請求することが可能です。ただし、無限責任社員がいない合同会社については制限があります。例えば、定款を変更して出資の額を変更しなければ請求できない《法632条》、資本金の額を減らすことに債権者は異議を述べることができる《法627条》などです。

MEMO **自己株式**：会社で所有する自社の株式のこと。譲渡が承認されなかった場合のほか、単元未満株式（⇨P.88参照）の場合などに買取りが認められる（⇨P.92参照）。

会社法の社員とは
従業員でなく出資者のこと

❖ 直接責任社員と間接責任社員の違い

　ここまでで何度か説明してきたように、会社法でいう社員とは「出資者」のことです。株式会社の出資者は、とくに「株主」と呼ぶので、実際には持分会社の出資者のことを社員といいます。

　社員には、無限責任社員と有限責任社員がいることも説明しましたが（🡒P.18参照）、ほかに直接責任社員、間接責任社員という違いもあります。直接責任社員とは、会社の債権者に対して直接、個人として返済する義務を負う社員です。一方、間接責任社員は、会社への出資だけに責任を負い、債権者に対して直接の責任は負いません。

　つまり、無限責任と同様の責任を負うことになります。細かな部分では異なるところがありますが、おおまかには無限責任社員と直接有限責任社員はほぼ同じと考えてよいでしょう。

　直接有限責任社員は、合資会社だけに存在します。合同会社の社員と株式会社の株主は、すべて間接有限責任社員です。

❖ 業務執行社員や代表社員を定めることもできる

　持分会社の社員は、原則として全員が業務を執行する（経営にあたる）権利と、会社を代表する権利を持ちます。ただし定款で定めた場合は、とくに業務を執行する社員や、会社を代表する社員を決めることが可能です。

　業務執行社員を定めた場合は、それ以外の社員は配当を受ける権利や業務執行社員を監視する権利を持ちますが、会社の経営にはあたりません。株式会社の株主のようなものです《法591条、592条》。

　代表社員を定めた場合は、それ以外の業務執行社員は業務を執行しますが、会社を代表することはできません。代表取締役を定めた株式会社の、それ以外の取締役のようなものです《法599条》。

社員の責任と種類

● 会社の種類による社員の責任の違い

			合名会社	合資会社	合同会社	株式会社
直接	無限責任社員	◯	◯	◯※1	－	－
	有限責任社員	－	－	◯※2	－	－
間接		－	－	－	◯	◯

※1と※2では負債を補填する範囲は同じと考えてよい。

● 定款の定めによる社員の職務の違い

	業務を執行する（経営する）		会社を代表※する	
	定款の定めなし	定款の定めあり	定款の定めなし	定款の定めあり
社員	執行する	執行しない	－	－
業務執行社員	－	執行する	代表する	代表しない
代表社員	－	－	－	代表する

※代表する社員には契約締結や訴訟など業務執行（経営）のすべての権限がある。

CHECK! 業務執行社員には善管注意義務や忠実義務がある

善管（ぜんかん）注意義務とは、会社法の条文にあるとおり「善良な管理者の注意をもって、その職務を行う義務」です《法593条》。忠実義務とは「法令及び定款を遵守し、持分会社のため忠実にその職務を行わなければならない」という義務のことをいいます《法593条2項》。また、報告義務も、業務執行社員が負う義務の1つです。業務執行社員は「持分会社又は他の社員の請求があるときは、いつでもその職務の執行の状況を報告し、その職務が終了した後は、遅滞なくその経過及び結果を報告しなければならない」という義務のことです《法593条3項》。さらに、株式会社の取締役と同様に、競業禁止義務や損害賠償責任も負っています（⇨P.136参照）。

MEMO 競業の禁止：会社の事業の部類に属する取引を行うことのほか、同類の事業を行う会社の取締役や、業務執行社員になることも禁止されている《法594条》。

会社の名前は原則自由だが、いろいろな法律の規制がある

◆ 商法や商業登記法などにも規制がある

会社の名称は「商号」とすると、会社法には定められています《法6条》。商号とは、会社の営業上の名前のことです。定款の絶対的記載事項であり（⇨P.34参照）、設立登記の際の登記事項でもあります（⇨P.42参照）。

商号のつけ方は、原則として自由とされています《商法11条》。しかし、有名な会社の商号はそれだけで1つのブランドです。簡単に真似されては困るので、会社法はもちろん商法、商業登記法、不正競争防止法など、様々な法律で厳しく規制されています。

まず、すでに同一の商号が、同一の住所にある場合は不可です《商業登記法27条》。たとえ本当に、たまたま同じビルに、つけたい商号の会社があった場合でも、認められません。

不正な目的で、他社と誤認させるようなおそれのある商号や、名称を使うことも認められません《法8条》。もし、自社の商号を使われて、利益が侵害されるおそれがあるときは、使用の停止などを請求できます。

また、不正競争防止法では、一般に広く認識されている商号と同一、または類似の商号を使うことは「不正競争」の定義の1つです《不正競争防止法2条》。

◆ 必ず「株式会社」など会社の種類を入れる

また、商号には必ず「株式会社」「合同会社」「合資会社」「合名会社」の、いずれかの会社の種類を入れます。事実ではない別の会社の種類を入れたり、そもそも会社ではないのに会社と誤認させるような文字を入れることはできません。ちなみに、特例有限会社は「有限会社」の文字を入れます。

文字の種類としては、漢字・ひらがな・カタカナのほか、ローマ字の大文字・小文字、アラビア数字と、記号の一部が使用可能です。

屋号：個人事業主が営業上使用する名前は「屋号」と呼ぶ。屋号には法的な拘束力がないので、商号のように不正使用されても権利を主張できない。それを避けるには個人でも商号登記を行う。

商号を決めるときのルール

すでに同一の商号が同一の住所に登記されている場合は不可 ☞商業登記法27条

他社と誤認させるおそれがある商号や名称は不可 ☞法2条

有名な商号や、有名なブランド名と類似する商号は不可 ☞不正競争防止法2条

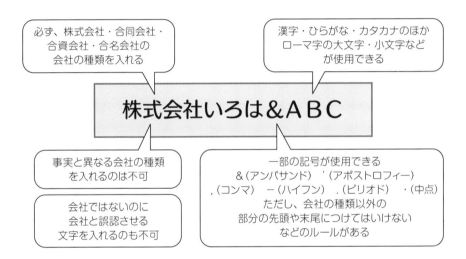

必ず、株式会社・合同会社・合資会社・合名会社の会社の種類を入れる

漢字・ひらがな・カタカナのほかローマ字の大文字・小文字などが使用できる

株式会社いろは＆ＡＢＣ

事実と異なる会社の種類を入れるのは不可

会社ではないのに会社と誤認させる文字を入れるのも不可

一部の記号が使用できる
＆（アンパサンド）　'（アポストロフィー）
,（コンマ）　－（ハイフン）　.（ピリオド）　・（中点）
ただし、会社の種類以外の部分の先頭や末尾につけてはいけないなどのルールがある

CHECK!　商号は他社に譲渡できる

会社の場合は、商号が会社の名称になるので、商号は1つしかありません。しかし、個人事業主が複数の事業を行っている場合は、事業ごとに複数の商号を使用することができます。また、会社は商号を登記しなければなりませんが、個人の場合は商号を登記しても、しなくてもよい定めです《商法11条2項》。なお、会社の商号は他社に譲渡することができます。ただし、営業（事業）とともに譲渡する場合と、自社が営業を廃止して他社に譲渡する場合の、2つの場合に限られます《商法15条》。

MEMO **ブランド名：**商標登録されているブランド名などを商号にすることもできない。例えばMUJIの運営会社は株式会社良品計画でMUJIは商号ではないが、会社名としては使用できない。

株式会社は設立登記をして初めて会社として成立する

◆ 登記事項は広く一般に公開される

　株式会社は、設立の登記をした時点で会社として成立します《法49条》。設立登記とは、設立する会社の本店の所在地を管轄する法務局（登記所）に、商号その他の事項を登記申請することです。登記をすると、**会社の重要な事項を広く一般に公開して、お互いに安全で円滑な取引などに役立てる**ことができます。

　例えば、新規の取引先と初めての取引を行う場合、その名前の会社がその住所に本当に存在するのか、資本金はいくらの会社なのか、代表取締役は何という人でどこに住んでいるのかなど、誰でもいつでも確認することが可能です。

◆ 必ず登記しなければならない事項とは

　設立登記に際して登記する事項も、会社法に定められています《法911条3項》。全部で29の事項があげられていますが、そのうちすべての株式会社が必ず登記しなければならない事項は、右上の図のとおりです。

　会社の目的や商号など、定款の絶対的記載事項と重なるものがいくつかあります（⇨P.34参照）。定款では、発起人の氏名、住所が絶対的記載事項でしたが、設立登記では取締役の氏名、代表取締役については氏名と住所が必要です。

　このほか、定款に定めがあるなど、場合によって登記が必要になる事項があります。右下の図にあげたのは、その一部です。例えば、1行目にある事項は、その株式会社が存続する期間や解散する理由について、定款に定めがあるときに登記が必要になります。単元株式数なども同様に、定款の定めがあるときに必要になる事項です。

　そのほか、取締役会、会計参与、監査役、監査役会など、会社の機関（⇨P.50参照）を置いたときは、その旨などが必要になります。

　登記所：登記の事務を行う機関の総称。商業登記法などでは、法務局、地方法務局、その支局や出張所を総称して登記所と定義されている。

設立登記の際の登記事項

● すべての株式会社が必ず登記する事項

- 会社の目的
- 商号
- 本店と支店の所在場所
- 資本金の額
- 発行可能株式総数
- 発行済株式の総数とその種類、種類ごとの数
- 取締役の氏名
- 代表取締役の氏名と住所
- 公告方法 (☞次項参照) についての定款の定めがあるときはその定め（定款の定めがないときは官報に掲載して公告する旨）

● 場合によって登記が必要になる事項

- 会社の存続期間または解散の事由についての定め
- 発行する株式の内容（種類株式 (☞P.84参照) の内容など）
- 単元株式数についての定め
- 株券発行会社である旨
- 株主名簿管理人の氏名または名称および住所ならびに営業所
- 新株予約権 (☞P.170参照) に関する事項
- 取締役会設置会社であるときはその旨
- 会計参与設置会社であるときはその旨ならびに氏名その他
- 監査役設置会社であるときはその旨および氏名
- 監査役会設置会社のときはその旨および社外監査役その他　など

CHECK! 会社法が施行されたときに変わった登記事項

商法第2編などから会社法に変わったとき、設立登記の登記事項もいくつか変わっています。例えば会社法以前は、同一の市町村内に同一の商号や類似した商号が登記されていると、同一の目的では登記ができませんでした。会社法では同一の商号は、同一の住所の場合のみ、登記ができないように変わっています。

MEMO **単元株式数**：株式を売買するときの1単位のこと。例えば単元株を5株とした場合、5株、10株などは売買できるが、3株、1株などは売買できない。

会社は決算の内容などを
公に告知しなければならない

◆ 決算公告と決定公告がある

　会社法が定める株式会社の義務の1つとして「公告」があります。公告とは、**官報などを使って、決算の内容などを取引先や債権者などの公に告知する**ことです。大きく分けて、計算書類の公告（決算公告）と、重要事項を決定した際の公告（決定公告）の2種類があります。

　決算公告は定時株主総会の後、「遅滞なく」行う定めです**《法440条》**。内容は、株主総会で承認された貸借対照表（資本金5億円以上などの大会社では貸借対照表と損益計算書）の公告とされています。ただし、株式上場会社などは、有価証券報告書などで詳しい情報開示が行われているので、貸借対照表の公告は不要です**《法440条4項》**。

　一方、株主や債権者に重要な影響を及ぼす決定があったときには、決定公告を行います。決定公告とは、右図の例のようなものです。

◆ 官報、新聞、電子公告の3つの公告方法がある

　株式会社が行う公告の方法も、会社法に定められています**《法939条》**。右下の図に示した3つの方法です。

　新聞で公告を行う場合は、時事ニュースを扱う日刊新聞でなければなりません。電子公告は、ホームページ上で公告する方法です。

　どの公告方法をとるかは、定款で任意に定められますが、定款に定めがないときは官報になります。また、決定公告のうちの合併、資本金の減少、解散などは官報に掲載し、そのうえで個別に通知しなければなりません。

　決算公告は、3つの方法のいずれでも、選択して定款に定められます。官報や新聞など、紙媒体で公告する場合は、貸借対照表の「要旨」で済ませることが可能です**《法440条2項》**。紙媒体への掲載は、手間もコストもかかるため、簡単な要旨でよいということでしょう。電子公告についてはこの定めがなく、貸借対照表全体を掲載しなければなりません。

MEMO **官報**：内閣府が発行し、国立印刷局が編集・印刷・インターネット配信を行っている。行政機関の休日を除く毎日発行。

会社法に定められた公告の種類と方法

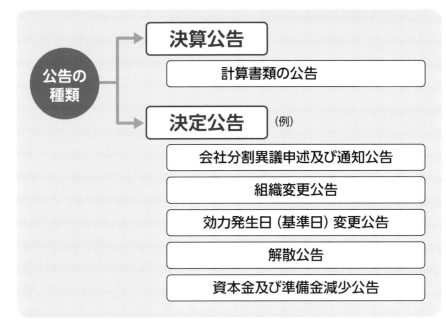

公告の
種類

決算公告

計算書類の公告

決定公告 (例)

会社分割異議申述及び通知公告

組織変更公告

効力発生日 (基準日) 変更公告

解散公告

資本金及び準備金減少公告

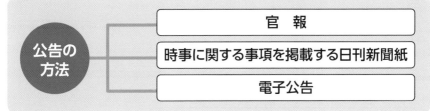

公告の
方法

官　報

時事に関する事項を掲載する日刊新聞紙

電子公告

CHECK! 電子公告では「電子公告調査」が必要な場合もある

公告の方法などは、会社法第7編「雑則」の第5章「公告」に定められています。ここでは、3つの公告方法のほか、電子公告についての詳しい定めを見ることができます。例えば、決算公告を電子公告の方法で行う場合は、定時株主総会の後、5年間掲載しなければなりません《法940条、1項二号》。また、決算公告以外は、指定された調査機関による「電子公告調査」というものを受ける必要があります。この調査は、電子公告が適法に行われたかどうかを確認するものです。決算公告については、この定めから除外されています《法941条》。

子会社の経営を支配している会社が親会社

◆ 親会社、子会社とは

　会社法では「親会社」「子会社」という用語がときどき出てきますが、かなり重要な用語です。子会社は、原則として親会社の株式を取得できない《法135条1項》、取得した場合でも株主総会で議決権を行使できない《法308条1項》など、重要な定めがあるからです。

　では、そもそも親会社、子会社とは何なのでしょうか。会社法では、その会社が「議決権の過半数を有する株式会社」その他「経営を支配している法人」をその会社の子会社として定義しています。親会社は「株式会社を子会社とする会社」その他「経営を支配している法人」です《法2条三号、四号》。つまり、議決権を過半数以上持つなどで経営を支配している会社を持っている会社を、親会社といいます。

　どちらも、議決権半数以下については法務省令に定めがあり、右ページのような一定の要件を満たすと親会社、子会社と判定されます。

◆ 関係会社、関連会社とは

　親会社、子会社などを含めて「関係会社」ということがありますが、これは会社法でなく、財務諸表等規則の定めです。財務諸表等規則での親会社、子会社の定義は、会社法と同様です《財務諸表等規則8条3項》。

　財務諸表等規則には、親会社、子会社のほかに「関連会社」という定義があるのが会社法との違いです。関連会社とは、財務、営業、事業の方針の決定に対して「重要な影響」を与えることができる会社です《財務諸表等規則8条5項》。法務省令による具体的な判定基準は、右図のようになっています。関係会社とは、親会社、子会社に加えて、自社の関連会社、自社を関連会社とする他社を含めたものです。

MEMO **親会社株式の取得**：例外として、法135条2項にあげられている。組織再編で、子会社が親会社の株式を取得する場合などがある。

親会社、子会社、関係会社、関連会社とは

● 関係会社とは

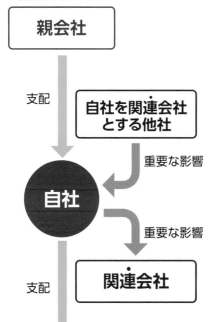

※親会社、子会社、関連会社を含めて関係会社という。

● 子会社の判定基準

議決権	議決権以外の要件
50%超	なし
40%以上 50%以下	特定の者の議決権と合わせて50%超 または 財務・事業の方針を決定するなどの一定の要件
40%未満	特定の者の議決権と合わせて50%超 かつ 財務・事業の方針を決定するなどの一定の要件

● 関連会社の判定基準

議決権	議決権以外の要件
20%以上	なし
15%以上 20%未満	取締役を送り込むなどの一定の要件
15%未満	特定の者の議決権と合わせて20%以上 かつ 取締役を送り込むなどの一定の要件

CHECK! 親会社の株式以外にも子会社に対する規制がある

例えば、親会社の監査役は子会社の取締役などを兼任できません《法335条2項》。また、社外取締役、社外監査役の定義では、親会社の取締役などは子会社の社外取締役、社外監査役になれないという定めです《法2条15号、16号》。さらに、子会社株式の譲渡には、親会社の株主総会の承認が必要になる場合があります（⇨P.212参照）。

会社法以外の会社に関する法律には何があるか

● 賃金や労働時間、労働関係などを定めた「労働法」

　会社法は、会社組織について最も基本的なルールを定めた法律ですが、会社と労働者や取引先との関係については、それぞれ別にルールを定めた法律があります。

　例えば、**従業員の労働条件に関して、最低限の基準を定めている**のが、**労働基準法**です。賃金の支払いや労働時間、時間外や休日の労働、割増賃金などについても、労働基準法に定められています。

　労働基準法のほかに、労働について定めているのが、労働組合法と労働関係調整法です。労働関係調整法は、**労働関係の公正な調整を図り、労働争議を予防・解決する**とされています《**労働関係調整法1条**》。この3つの法律を合わせて「労働3法」と呼んでいます。

　労働や雇用に関しては、他に最低賃金法、労働契約法、男女雇用機会均等法、労働者派遣法などもあり、総称して「労働法」と呼ばれています。

● 会社は独占禁止法や景品表示法の規制も受ける

　会社の事業活動について、よくニュースなどで耳にするのは、**独占禁止法**（私的独占の禁止及び公正取引の確保に関する法律）でしょう。大企業が競合他社を不当に排除して市場を独占したり、談合で公正な価格競争を制限する行為などを禁止しています。

　不当な行為のうちでも、とくに下請事業者に対する不当な扱いを規制しているのは、**下請法**などです。

　独禁法や下請法が、公正取引委員会など行政による規制を行うのに対して、**不正競争防止法**では刑事罰、民事的措置が課されます。

　また、**景品表示法**（景表法、不当景品類及び不当表示防止法）は、商品やサービスの品質や価格などを偽って表示することや、過大な景品類の提供を制限する法律です。それにより、消費者がより良い商品やサービスを選べるようにすることを目的にしています。

第2章

株式会社の機関のルール

株主総会、取締役など

株主総会と取締役の設置は
すべての株式会社で必要

◆ 株式会社の「機関」は10種類ある

　第1章で見たように、会社は「法人」です。会社という人間がいるわけではないので、誰か「人（自然人）」が会社に代わって、意思決定や取引などの具体的な行為や、それらのチェックなどをしなければなりません。これらの**行為をする人や、人の集団を、会社法では「機関」と呼んでいます**。

　株式会社で設置する機関は、右図のように10種類あります《**法第2編第4章**》。このうち「役員」については、この本の第4章で詳しく説明しますが、ここで概略を知っておきましょう。

　機関にはそれぞれの役割があり、会社の規模などによって設置しなければならない機関もあります。なかでも、**株主総会と取締役は、株式会社ならどの会社も置かなければならない機関**です。

◆ 株主総会は会社の重要な事項を決定できる

　株主総会は、原則として、会社の組織・運営・管理その他、**株式会社に関するすべての事項について決議できる機関**です。ただし、多数の株主がいる会社では、みんなが集まってすべてを決めようというのは現実的でありません。そこで、取締役会（⇨P.52参照）を設置した会社では、基本的で重要な事項だけを株主総会で決めることとしています《**法295条**》。

◆ 取締役が株式会社の業務を執行する

　取締役は、原則として「**株式会社の業務を執行する（経営にあたる）機関**」とされています《**法348条1項**》。株主総会とともに、株式会社では必ず設置しなければならない機関です。人数は原則として1人でも、2人以上でもよいとされています《**法326条1項**》。

　取締役会を置かない会社では、取締役が業務を執行し、契約の締結などができる会社を代表する機関となります。

MEMO **自然人**：法人と対比される実在の人間のこと。自然人は出生から死亡まで、契約の当事者や財産の所有者になるなど、法律上の権利義務の主体となる能力（権利能力）を有している。

株式会社の10種類の機関

| 株主総会 |
| 取締役 | すべての株式会社が設置しなければならない

定款で定めて設置可能
- 取締役会 (⇨次項参照)
- 会計参与 (⇨次項参照)
- 監査役 (⇨次項参照)
- 監査役会 (⇨P.54参照)
- 会計監査人 (⇨P.54参照)
- 監査等委員会 (⇨P.54参照)
- 指名委員会等 (⇨P.54参照)　指名委員会、監査委員会、報酬委員会
- 執行役 (⇨P.54参照)

株主総会　株式会社の重要な事項を決議する機関

- すべての株式会社で設置が必要
- 取締役会を設置していない会社では、すべての事項を決議することが可能
- 取締役会を設置している会社では、一部の重要な事項を決議することが可能

取締役　会社の業務を執行する機関

- すべての株式会社で設置が必要
- 人数は1人でも2人以上でもよい
- 取締役会を設置していない会社では、会社を代表する

CHECK!　どの取締役が会社を代表するか

取締役が1人の場合は、その取締役が会社を代表します。複数の取締役がいる場合は、原則として過半数によって意思決定を行わなければなりません。取締役会を設置した会社では、取締役は取締役会のメンバーとなり、取締役会で選任した代表取締役だけが、会社を代表する機関となります。

 役員： 会社法でいう株式会社の役員とは、取締役、会計参与、監査役を指す《法329条1項》。

第2章　株式会社の機関のルール

51

取締役会、会計参与、監査役などを置く会社もある

◆ 公開会社は、必ず取締役会を設置しなければならない

　取締役会を設置した会社では、**取締役会が「業務執行の決定」を行います**《法362条2項一号》。取締役全員で構成する会議が、株式会社の意思決定を行うわけです。

　取締役会は、定款で定めればどんな会社でも置くことができます。ただし、公開会社は必ず置かなければなりません。また、監査役会、監査等委員会、指名委員会等を設置した会社にも設置義務があります《法327条》。

◆ 取締役会設置会社は、代表取締役を置かなければならない

　代表取締役を置いた場合、**代表取締役だけが会社を代表して契約などを行う機関**になります。取締役が2人以上いる場合、取締役会を設置していない会社では、定款、定款規定にもとづく取締役の互選、総会決議の3つの方法で選定できます。ただし、取締役会を設置した会社では、取締役会で選定しなければなりません《法362条3項》。

◆ 計算書類を作成する会計参与とは

　会計参与というのは、取締役などと共同で、**貸借対照表や損益計算書などの計算書類を作成する社内の役員**です《法374条》。定款で定め、株主総会で選定すれば、どんな会社でも置くことができます。

◆ 監査役は、取締役や会計参与の職務をチェックする

　監査役は、**取締役や会計参与の職務の執行をチェックする機関**です《法381条》。定款で定めて株主総会で選定しますが、取締役会を設置した会社では、原則として設置が必要です。監査委員会を設置した会社は、職務が重複するので置けません。

　会計参与と監査役は、取締役と並び会社法上の「役員」になっています。

MEMO **公開会社**：本来、株式は自由に譲渡できるが、譲渡に条件を課すことも可能。公開会社は譲渡制限をしていない株式がある会社のこと（P.168参照）。

取締役会、代表取締役、会計参与、監査役とは

取締役会
株式会社の意思決定を行う機関

- 定款で定めれば、どんな会社でも置くことができる
- 公開会社は必ず設置しなければならない
- 監査役会、監査等委員会、指名委員会等を設置した会社も必ず設置する
- 設置するには原則、最低、取締役3名（＋監査役1名）が必要

代表取締役
株式会社を代表する機関

- 定款、取締役の互選または株主総会で選定することができる
- 取締役会を設置した会社では必ず取締役会で代表取締役を設置しなければならない

会計参与
株式会社の計算書類を作成する機関

- 取締役などと共同で、貸借対照表や損益計算書などを作成する
- 定款で定めれば、どんな会社でも置くことができる
- 株主総会で選定される
- 公認会計士か税理士の資格が必要

監査役
取締役や会計参与をチェックする機関

- 定款で定め、株主総会で選定する
- 取締役会を置いた会社は原則として設置が必要
- 監査等委員会を置いた会社は重複して設置することができない

CHECK!　会計参与は、公認会計士か税理士

会社法では、会計参与になれるのは「公認会計士若しくは監査法人又は税理士若しくは税理士法人」とされています《法333条》。公認会計士は、企業の監査と会計を専門とする国家資格です。公認会計士が集まって共同で設立した法人を、監査法人といいます。税理士は「税のプロ」といっていい国家資格で、税理士が共同して設立した法人が税理士法人です。監査役は、とくに国家資格を必要としません。

計算書類： 会社法上の計算書類には、貸借対照表、損益計算書、株主資本等変動計算書、個別注記表の4つがある《法435条2項、計算規則59条1項》。

会計監査人、委員会、執行役なども会社の機関

◈ 大会社などは、必ず監査役会を設置しなければならない

監査役会は、監査役全員で構成する機関です。監査役会は**3人以上の監査役でその半数以上が社外監査役**でなければなりません《**法335条3項**》。公開会社で、資本金5億円以上などの大会社では、監査役会の設置が必須です（監査等委員会設置会社、指名委員会等設置会社は不要）。

◈ 大会社などは、会計監査人も設置しなければならない

会計監査人は、**会社の計算書類などを監査し、報告書を作成する会社外部の機関**です。公認会計士、または監査法人でなければなりません。下で説明する監査等委員会設置会社、指名委員会等設置会社、資本金5億円以上などの大会社では必ず設置する必要があります《**法327条の2、328条**》。

◈ 委員会、執行役、代表執行役とは

株式会社は定款で定めることにより、監査等委員会、または指名委員会等を置くことができます《**法326条2項**》。監査等委員会は、**取締役の職務執行の監査**などを行う委員会です。

指名委員会等を置く会社では、指名委員会、監査委員会、報酬委員会の3つがあります《**法404条**》。指名委員会は、**株主総会に提出する取締役の選任、解任に関する議案を決定する**ことが主な職務です。監査委員会は、下で説明する**取締役や執行役の職務執行の監査**などを行い、報酬委員会は**取締役や執行役の個人別の報酬の内容を決定**します。

また、指名委員会等を設置する会社では、必ず1人または2人以上の執行役を選任しなければなりません《**法402条**》。執行役とは、**取締役会から委任された業務の意思決定と、執行を行う機関**です。さらに、複数の執行役がいる場合は、取締役会が会社を代表する代表執行役を選任しなければなりません。執行役が1人の場合は、その執行役が代表執行役です。

社外取締役・社外監査役：会社法では冒頭に近い第2条で、社外取締役、社外監査役など社外役員の要件を厳しく定義している《**法2条十五号、十六号**》。

監査役会、会計監査人、委員会、執行役とは

監査役会
監査役全員で構成する機関

- 監査役を3人以上選任し、過半数が社外取締役でなければならない
- 公開会社の大会社は設置しなければならない（例外あり）

会計監査人
計算書類などを監査する機関

- 社外の公認会計士または監査法人でなければならない
- 委員会設置会社、大会社は必ず設置しなければならない

委員会
取締役の選任、監査などを行う機関

- 監査等委員会、指名委員会等の設置ができる
- 監査等委員会は取締役の職務執行の監査などを行う
- 指名委員会等には指名委員会、監査委員会、報酬委員会の3つがある

執行役
指名委員会等設置会社で必須の機関

- 指名委員会等設置会社では必ず1人または2人以上の選任が必要
- 取締役会から委任された業務の意思決定、執行を行う

代表執行役
執行役として会社を代表する機関

- 指名委員会等設置会社で複数の執行役がいる場合に選任が必要
- 取締役会が選任する

CHECK! 委員は取締役の中から選任する

委員会の委員は、すべて取締役の中から選任されます。指名委員会等では取締役会の決議で、監査等委員会では株主総会の決議で選任され、それぞれ3人以上の選任が必要です。また、各委員会の委員の過半数は社外取締役でなければなりません《法400条》。

MEMO　執行役と執行役員：執行役員とはここで紹介した執行役とは異なり、会社法上の概念ではなく、一般的に便宜上使われている名称。

機関設計は公開会社か、そうでない会社かなどで変わる

❖ 株式会社の機関設計とはどういうものか

　ここまで見てきたように、株式会社の機関の大半は、定款で定めれば設置が自由に行えます。そこで、会社法で規定された機関を、**実際の会社では「どれとどれを、どのように置くか」を決めなければなりません**。これを、株式会社の「機関設計」と呼んでいます。

　機関設計は、ある程度自由に行えますが、大きな制約もあります。まず、株式の全部または一部について、譲渡制限（☞P.82参照）をしていない会社を、会社法では「公開会社」といいますが、**公開会社かそうでないかで、右図のように機関設計が違ってきます**。例えば、公開会社は必ず取締役会を置かなければなりません《法327条1項》。

❖ 機関設計は資本金や負債の額でも変わる

　次に、資本金5億円以上または負債200億円以上の会社を「大会社」といいますが、**大会社か、それ以外の中小の会社かによっても機関設計は違ってきます**。例えば、公開会社でない大会社は必ず会計監査人を選任するなどの違いです《法328条2項》。

　さらに、機関の選択が可能な場合に、**ある機関を選択したことにより、別の機関の設置が必要になることもあります**。例えば、公開会社でない大会社で取締役会を置いた場合、原則として委員会を設置するか（☞P.55参照）、監査役または監査役会を設置しなければなりません《法327条2項》。また右図にはありませんが、取締役会を置いた場合は、必ず代表取締役を選任するなどの制約もあります《法362条3項》。取締役会を置いて、代表取締役を選定しないという機関設計はできません。

　このように、機関設計のルールは複雑です。そこで次項から「公開会社と、そうでない会社」「大会社と、そうでない会社」といったくくりで、それぞれの機関設計を見ていきましょう。

MEMO **大会社**：会社法上の大会社とは、正確には①直近の最終年度の貸借対照表に資本金として計上した額が5億円以上、または②負債の部に計上した額の合計額が200億円以上であることとされている。

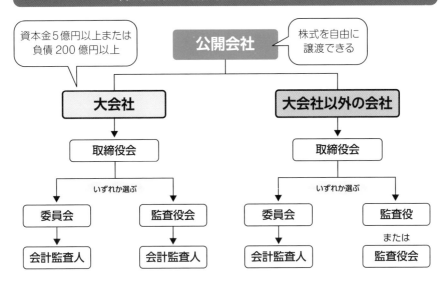

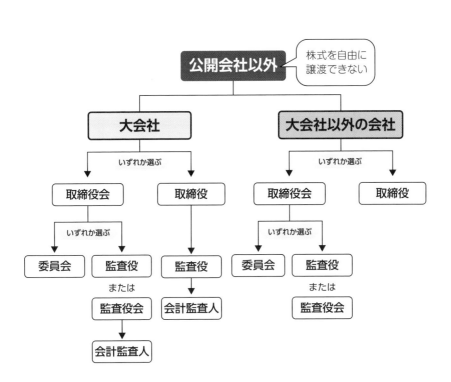

株式を譲渡できる会社は必ず取締役会を置く

◆ 公開会社では取締役会の設置と代表取締役の選定が必須

　株式の全部または一部について、自由に譲渡できるのが公開会社です。公開会社の機関設計では、株主総会と取締役のほかに、必ず置かなければならない機関が2つあります。

　1つは、取締役会です《法327条1項》。公開会社では、会社の所有者である株主と、会社の経営にあたる取締役が、別になる「所有と経営の分離」が原則です。そのため、**公開会社は必ず取締役会を置いて、取締役会が各取締役の職務の執行を監督することが義務づけられている**のです《法362条2項》。2つめは代表取締役の選定です。**取締役会を設置した会社は、必ず代表取締役を選定しなければなりません**《法362条3項》。

　すべての株式に譲渡制限がある会社では、取締役会の設置は任意です。中小企業では、出資者が取締役を兼ねているケースがほとんどで、すべての株式に譲渡制限が設定されており、結果、職務を監督する必要性が低いためです。取締役会を置かない場合は、代表取締役の選定も任意となり、取締役が会社を代表することもできます。

◆ 監査役か、委員会かで、機関設計が変わる

　公開会社では、取締役会と代表取締役を置いたうえで、**監査役または監査役会を置くか、委員会を置いて委員会を設置**（☞P.55参照）**するかを選択**します。大会社では監査役を置き、監査役会を設置するのが原則ですが、委員会を設置した場合は、監査を行う委員会があるので監査役は置けません《法327条4項》。委員会を設置した場合は、大会社でなくとも会計監査人の設置が必要になります。指名委員会等設置会社では、執行役の選任が必要で、執行役が複数いる場合は、代表執行役の選任も必要です。

　会計参与は、上記のどのような株式会社でも、定款で定めれば置くことができます《法326条2項》。

MEMO **所有と経営の分離：**株主は株式会社の所有者だが、直接、経営をする権限はないという原則。会社法では取締役が業務を執行すると定めている（定款に定めがある場合を除く）《法348条》。

公開会社の機関設計

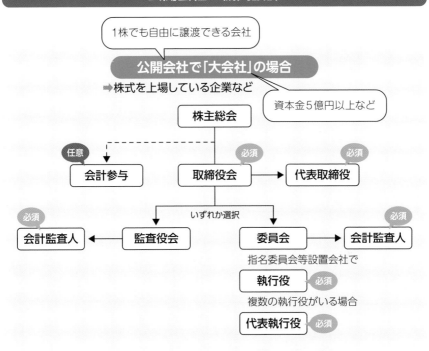

1株でも自由に譲渡できる会社

公開会社で「大会社」の場合
➡株式を上場している企業など

資本金5億円以上など

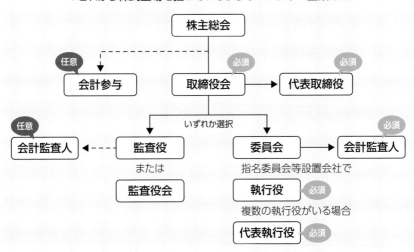

公開会社で「大会社以外の会社」の場合
➡これから株式上場を狙っているようなベンチャー企業など

資本金の大きな大会社は
必ず会計監査人を置く

◆ 大会社では、会計監査を厳格に行う

　会社法では、資本金5億円以上、または負債の合計額が200億円以上の会社を「大会社」といいます。公開会社でない大会社の機関設計の特徴は、**必ず会計監査人を置かなければならないことです《法328条2項》。**

　会計監査人は、外部の公認会計士か監査法人で、計算書類などを監査して報告書を作成します。資本金が大きな会社、負債の額が大きな会社では、いくら公開会社ではないといえ、保護すべき利害関係者が多いため、会計監査を厳格に行う必要があるからです。

◆ 大会社で、取締役会を設置しない場合の機関設計

　大会社で公開会社の場合の機関設計は、前項などで説明しましたが、大会社でも公開会社でない場合は、また機関設計が違ってきます。

　大会社でも公開会社でない場合は、まず、**取締役会の設置義務がありません**。取締役会を置かない場合は、代表取締役の選定も必須でなくなります。その場合、会社を代表して職務を執行するのは1人または2人以上の取締役です。ただし、取締役会を設置しないとしても、必ず監査役を置かなければなりません。また、取締役会を置かない場合は、委員会は設置できないことになっています。大会社の場合、このようなケースはまれでしょう。

　取締役会を設置した場合は、公開会社と同様に、監査役会や委員会の設置が可能です。ただし、代表取締役の選定も必須になります。委員会を設置した場合は、公開会社と同様に、監査役は置けません《**法327条4項**》。指名委員会等設置会社では、執行役の選任が必要で、執行役が複数の場合は代表執行役の選任も必須になります。

　いずれの場合も、大会社では会計監査人の設置が必要です。なお、会計参与は会計監査人の設置に関係なく、右記のどの場合でも設置できます。

MEMO **負債**：大会社の条件とされる負債の額200億円以上は、貸借対照表の負債の部に計上された合計額とされている。したがって借入金のほか、社債、支払手形、買掛金などが含まれる。

大会社の機関設計

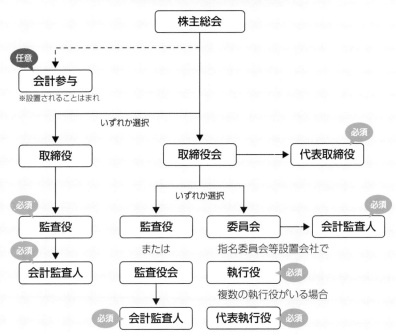

大会社で「公開会社以外の会社」の場合

➡上場していない大企業など

株主総会

任意
会計参与
※設置されることはまれ

いずれか選択

取締役　　　　取締役会 ━━▶ 代表取締役 必須

いずれか選択

必須 監査役　　監査役　　委員会 ━━▶ 会計監査人 必須

または　　　指名委員会等設置会社で

必須 会計監査人　監査役会　執行役 必須

複数の執行役がいる場合

必須 会計監査人　代表執行役 必須

CHECK! 会計監査人と監査役、会計参与の違いは

会計参与は、貸借対照表や損益計算書などの計算書類等を作成する、社内の役員です。作成された計算書類を監査する社内の役員が監査役、社外の者がなる機関が会計監査人という関係になります。会計参与は、社内の役員として大きな責任を負い、株主代表訴訟の対象にもなる機関です（⇨P.154参照）。したがって、会計参与を置くと、計算書類などの社外に対する信頼性が高まるメリットがあります。ただし、公認会計士か税理士で社内の役員になるという条件がつくので、会計参与を設置している会社は多くありません。

中小会社は株主総会と取締役1人でもできる

◆ 中小会社の最も簡単な機関設計は

　譲渡制限のない株式がある公開会社でもなく、資本金5億円以上などの条件を満たす大会社でもない会社では、機関設計はごくシンプルにできます。この場合、会社法が定める必須の機関は、**株主総会と、それに取締役だけで、他はすべて任意です**《**法295条、296条、326条**》。

　また、株主と取締役は1人いればよく、株主と取締役が同一人物ではいけないという定めもありません。つまり、**1人（や家族だけ）で株主と取締役を務めて、会社を所有・経営する**ことができます。オーナー一族が所有・経営している中小企業の場合などで、これが最も簡単な機関設計です（右図の①）。

◆ 監査役や取締役会を置くこともできる

　任意で監査役を設置することが可能です《**法326条2項**》。例えば、社長に奥さんが監査役を務めるケースなどがあるでしょう。取締役会を設置することもできます。

　ただし、取締役会を設置するには、**取締役が3人以上必要**です。また、**取締役会を設置した会社では、代表取締役が必須**になります《**法362条3項**》。そのうえで、取締役会を置く会社では監査役（または監査役会か、委員会）を設置しなければなりません。社員が数十名を超えるような中小企業には、社長の子どもや古参社員を取締役にしているケースがよく見られます。

　会計参与の設置は任意です。なお、中小企業ではあまりみられませんが、委員会を設置した場合は会計監査人が必須です。指名委員会等設置会社にすれば執行役、執行役を複数置いた場合は代表執行役の選任が必要になります。

MEMO **法人成り：**個人事業主が株式会社などを設立して、事業を法人化すること。社会的信用度の向上や、法人化による節税、金融機関からの資金調達などを目的に行われることが多い。

中小会社の機関設計

「大会社以外の会社」で「公開会社以外の会社」の場合

➡オーナー一族が経営している中小企業など

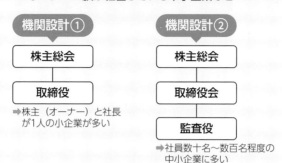

機関設計①

株主総会

↓

取締役

➡株主（オーナー）と社長が1人の小企業が多い

機関設計②

株主総会

↓

取締役会

↓

監査役

➡社員数十名～数百名程度の中小企業に多い

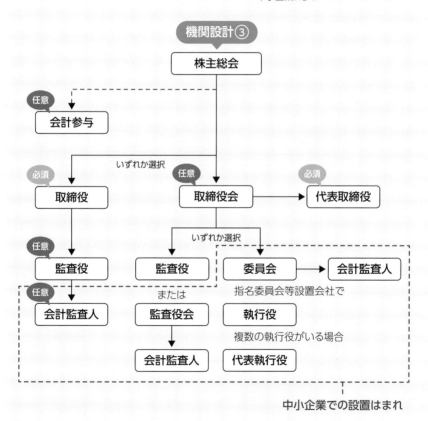

機関設計③

株主総会

任意　会計参与

いずれか選択

必須　取締役　　　任意　取締役会　→　必須　代表取締役

いずれか選択

任意　監査役　　　監査役　　委員会　→　会計監査人

任意　会計監査人　または　監査役会　　　指名委員会等設置会社で

執行役

↓　　　　　　　　　複数の執行役がいる場合

会計監査人　　代表執行役

中小企業での設置はまれ

名目だけの取締役などが いまでも残っているのはなぜか

● 会社法では取締役1名だけの機関設計が可能

　会社法施行以前の旧商法では、中小企業の機関設計についても、株式会社であれば取締役3名、監査役1名以上の役員が必要とされていました。つまり、株主総会+取締役会+監査役の形態が基本とされていたわけです。そのため、オーナー社長の中小企業では、代表取締役社長以外の取締役は名目だけ置く、監査役も名目だけ置くというケースが多くありました。

　そこで会社法では、大会社でなく公開会社でもない中小の会社は、より柔軟に、**株主総会と取締役1名という機関設計を可能**にしています（☞ P.62参照）。株主であるオーナー社長がすべての意思決定を行っているという、現実の会社経営に合わせた機関設計ができるわけです。

● 取締役会と監査役を設置したとみなす法律

　しかし、古くからある中小企業では、会社法施行後も従来の株主総会+取締役会+監査役の機関設計のままというケースが多くあります。

　なぜなら、整備法（会社法の施行に伴う関係法律の整備等に関する法律）に「みなし規定」と呼ばれる定めがあり、**定款の変更をしなくても、会社法に即した内容に定款を読み替えることが認められている**からです《**整備法76条**》。つまり、とくに定款の変更と登記をしなければ、取締役会と監査役を設置する旨の定款の定めと、登記がされているとみなされます。

　そこで、会社法施行後に、とくに定款の変更と登記をしていない中小企業では、代表取締役社長以外の取締役は名目だけ、監査役も名目だけという、旧商法の時代の形態が続いているのです。

　会社法の制度としては、オーナー社長の会社経営の実態に合わせた機関設計が可能ですが、現実には名目だけの取締役、監査役をいまでも置く中小企業が残る背景には、このような事情があります。

株主と会社のルール

会社の所有者は出資者

なぜ、大きな会社をつくるのに株式会社が適しているのか

❖ 株主の責任は「有限責任」

「株式会社」という名称の由来は「株式を発行して、出資をつのる」ことです。株式会社の出資者を、とくに「株主」と呼びます（⇨P.70参照）。株主の最大の特徴は、**会社の債権者などに対して負う責任が限られている、つまり「有限」である**ことです。出資した額、すなわち、株式の引受価額だけ、責任を負うとされています《法104条》。

これに対して、合名会社や合資会社の「出資者（社員）」には、「無限責任」を負う出資者がいます。無限責任とは、会社の債務を会社の財産で弁済できない場合など、**個人の財産で弁済しなければならない責任**です。

株主には、そのような責任はありません。会社が、たとえ何百億円の債務を抱えても、株式の引受価額だけ責任を負う、つまり出資した金額をあきらめれば済みます。株主の責任は「有限責任」なのです。

❖ 株式の譲渡は原則自由。株主は平等の扱いを受ける

このような特徴から、株式会社は不特定多数の人から出資を集め、大きな会社をつくるのに適しています。合同会社も有限責任社員で構成されますが、出資分（持分）を他の人に譲渡（売却）する場合は、他の社員の同意が必要など、制約があります（⇨P.22参照）。

一方、**株式会社の株式は、原則として譲渡が自由です**（株式譲渡自由の原則 ⇨P.80参照）。また、**株主は保有する株式の数に応じて、議決権や配当など平等な扱いを受けます**（株主平等の原則 ⇨P.78参照）。

さらに、出資者が自分で会社を経営しなくてもよい「所有と経営の分離」（⇨P.58参照）も、出資がしやすくなる要素です。会社を経営する意思や能力のない人でも、株式を買うだけで出資者になれるからです。

以上のような特徴があいまって、株式会社は不特定多数の人から出資を集め、大きな会社をつくるのに適した形態になっています。

MEMO **引受価額**：株式の募集や売出しの際に、発行者や売出し人から買い取る価格。ただし、株式市場では通常、引受証券会社が発行者や売出し人から買い取る1株式当たりの金額を引受価額という。

株式会社は出資者を集めやすい

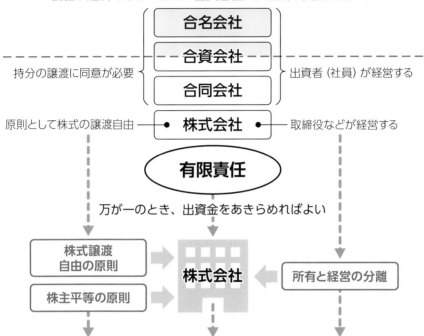

無限責任

会社が返済できないとき、出資者個人に返済の責任が生じる

合名会社

合資会社

合同会社

持分の譲渡に同意が必要 ── 出資者（社員）が経営する

原則として株式の譲渡自由 ── **株式会社** ── 取締役などが経営する

有限責任

万が一のとき、出資金をあきらめればよい

株式譲渡
自由の原則 ➡ **株式会社** ⬅ 所有と経営の分離

株主平等の原則 ➡

株式会社は、不特定多数の人から出資を集め、
大きな会社をつくりやすい

CHECK! 株式会社は資本金5億円以上の大会社から、
資本金1円の1人会社まで

原則として、株式会社は株式の譲渡が自由ですが、例外的に株式の譲渡制限を
設けることもできます（☞P.82参照）。所有と経営の分離の原則についても、
株主と社長を同一人物とすることも可能です（☞P.62参照）。ちなみに、株式
会社の資本金は1円でも設立できます。株式会社は大きな会社をつくるのに適
しているだけでなく、小さな会社まで幅広く設立・経営を可能にしています。

債権者保護のために
一定の会社財産を確保する

◆ 株主が払い込んだ金額が資本金になる

　株主が、株式の対価として払い込んだ金額は、借入金のような返済の必要がない、純粋な会社財産になります。これが「資本金」です《法445条》。資本金はもともと、債権者保護のための制度です。株主が有限責任しか負わない株式会社では、取引先や金融機関などの債権者が債権を回収できる保証がありません。そこで、資本金として、一定の会社財産を確保するように定めているのです。ただし、資本金になると、例えば赤字補てんのために取り崩す減資をしようとしても、株主総会の特別決議（3分の2以上の賛成）が必要となるなど、手続きが厳格になります。

　そこで、**株主が払い込んだ金額の2分の1まで、資本金としないことが可能です**《法445条2項》。これを「資本準備金」（⇨P.194参照）といいます《法445条3項》。資本準備金も万が一のときの返済の原資になるため、資本金と同様な扱いですが、資本準備金としておいたほうが普通決議（2分の1の賛成）でよい、税制上の優遇があるなどのメリットがあります。

◆ 財産を社外に流出させる配当などには規制がある

　株主が有限責任しか負わず、資本金1円でもよいという現在の株式会社では、株主に対する配当などに厳しい規制が設けられています。配当などは、会社の財産を社外に流出させる結果になるからです。

　まず、配当などを行う場合は、**配当後に少なくとも剰余金が残る必要があります**。この剰余金や分配可能額の計算方法も、細かく定められています《法446条、461条2項》。配当などの額は、この分配可能額を超えてはなりません《法461条1項》。

　また、株式会社の純資産額が300万円を下回る場合には、そもそも剰余金の配当ができないことになっています《法458条》。

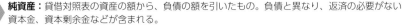

MEMO **純資産**：貸借対照表の資産の額から、負債の額を引いたもの。負債と異なり、返済の必要がない資本金、資本剰余金などが含まれる。

株主が払い込んだお金が資本金になる

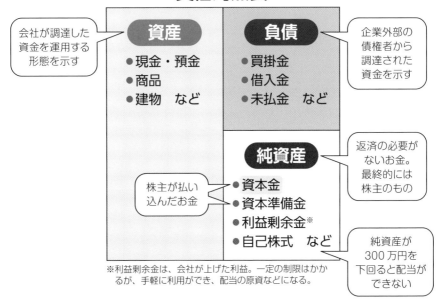

貸借対照表

資産（会社が調達した資金を運用する形態を示す）
- 現金・預金
- 商品
- 建物　など

負債（企業外部の債権者から調達された資金を示す）
- 買掛金
- 借入金
- 未払金　など

純資産（返済の必要がないお金。最終的には株主のもの）
- 資本金（株主が払い込んだお金）
- 資本準備金
- 利益剰余金※
- 自己株式　など

純資産が300万円を下回ると配当ができない

※利益剰余金は、会社が上げた利益。一定の制限はかかるが、手軽に利用ができ、配当の原資などになる。

配当に必要な剰余金は、資産の額などから負債の額、資本金の額、準備金などの額を引いて求められる《法446条》

配当の分配可能額は、剰余金などの額から自己株式などの額を引いた額《法461条2項》

CHECK!　かつてあった最低資本金制度

以前は、株式会社で1,000万円、旧有限会社で300万円という「最低資本金」が定められていました。この最低資本金制度は2006年の会社法施行の際に廃止されています。開業資金が少ない場合でも、起業をしやすくする目的です。旧有限会社の最低資本金300万円という金額は、現在の配当の最低純資産額のもとになっています。現在では、資本金1円で株式会社設立が可能ですが、資本金を減らす、つまり減資をすれば、資本金0円にもできます《法447条2項》。

MEMO　自己株式：自社で保有している自社の株式のこと。自社で発行した株式を、他の株主から買い戻すことを「自己株式の取得」という。流通する株式の数の減少により、株価上昇などが期待できる。

株式会社の出資者を株主、その地位や権利を株式という

◆ 株主とは株式を保有する人であり、会社の所有者

　株式会社以外の持分会社では、出資者のことを「社員」と呼びますが、株式会社では「株主」と呼びます。株主とは、その会社の株式を保有する人のことです。株式を保有しているということは、その会社に出資したということですから、**株主こそがその会社の所有者**といえます。

　株主は1人のこともありますが、大きな会社では数十万人になることもあります。その場合、会社は数十万人の共同所有です。

　株主には、次項から説明するようにいくつかの権利があります。一方、**株主の義務は株式の価額を出資すること**だけです《**法104条**》。逆にいえば、出資が済んだ時点で株主になりますから、株主になった後は一切の義務がなくなります。

◆ 株式とは株主の地位や権利のこと

　株主になるために取得する「株式」とは、会社法では株主としての地位や権利のことです。その地位や権利をあらわす有価証券、つまり「株券」のことではありません。会社法では、定款で定めた場合のみ、株券が発行できるとしており、**株券は発行しないのが原則**です《**法214条**》。株券を発行すると定めた場合でも、公開会社以外の会社では、株主から請求があるまで発行しないことができます《**法215条4項**》。

　株式とは、株式の地位や権利という抽象的なものですが、**原則として1株ごとの権利などの内容は同じ**です（普通株式）。ただし、これもあとで説明するように、優先株式や劣後株式など、内容を変えた種類の株式（種類株式）の発行ができます《**法108条**》（☞P.84参照）。

　会社法は、1株ごとの内容は同じことを原則としつつ、より出資を集めやすい株式などの発行も可能にしているわけです。

　それでは次項より、まずは株主のいろいろな権利から見ていきましょう。

優先株式：「優先株」ともいう。種類株式の1つ。配当などについて、他の株式より有利な扱いを受けることができる株式。

株主、株式とは

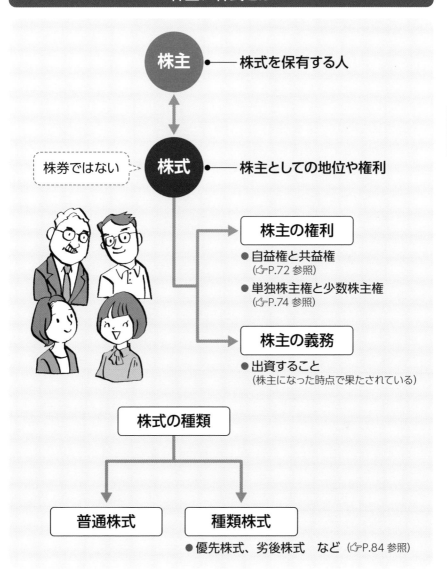

株主 ●── 株式を保有する人

株券ではない ⤑ 株式 ●── 株主としての地位や権利

株主の権利
- 自益権と共益権
  (⌂P.72 参照)
- 単独株主権と少数株主権
  (⌂P.74 参照)

株主の義務
- 出資すること
  (株主になった時点で果たされている)

株式の種類

普通株式

種類株式
- 優先株式、劣後株式　など (⌂P.84 参照)

MEMO **劣後株式：**「劣後株」ともいう。種類株式の1つ。配当などについて、他の株式より不利な扱いを受ける株式。

株主の権利は大きく分けて自益権と共益権

◆ 自分の利益になる権利と、株主共通の利益になる権利

　株主の「義務」は、株式の価額分を出資することだけですが、会社法が定める株主の「権利」はいろいろあります。大きく分けると「自益権」と「共益権」です。

　自益権とは、株主各個人の利益になる権利で、具体的には**会社から経済的な利益を受ける権利**をいいます。代表的なのは、剰余金から配当を受ける権利《法105条1項一号》です。

　一方、共益権は、株主全体の利益になる権利で、具体的には**会社の経営に参加したり、経営を監査したりする権利**をいいます。共益権の代表的なものは、株主総会における議決権《法105条1項三号》や、株主総会に議案を提案できる権利《法303条》ですが、ほかにも共益権に分類されるいろいろな権利があります（⇨P.74参照）。

　なお、右図と75ページの図にあげている権利の名称は、すべてが会社法に規定されているわけではないため、場合によって表現が多少異なります。

◆ 残余財産の分配や、株式の買取請求も可能

　自益権について、詳しく見てみましょう。

　右図のように、**剰余金から配当を受ける権利**《法105条1項一号》が代表的です。なお、この権利に優劣をつけた優先株式や劣後株式の発行も可能です《法108条1項一号》。

　自益権にはほかに、会社を清算するに際して、残った残余財産の分配を受ける権利《法105条1項二号》や、特定の場合に株式を公正な価格で買い取るよう、会社に請求できる権利《法469条、192条等》があります。

　自益権は、**保有株数が多いほど受ける利益が大きくなる**のも特徴です。

 残余財産：会社を清算するとき、精算業務を任された清算人は会社の資産を現金化し、まず債務を返済する。返済後、残った財産があれば、残余財産として株主に分配される。

自益権、共益権とは

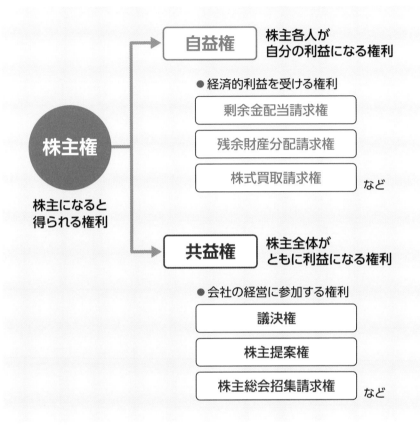

自益権 株主各人が
自分の利益になる権利

● 経済的利益を受ける権利

剰余金配当請求権

残余財産分配請求権

株式買取請求権 　など

株主権

株主になると
得られる権利

共益権 株主全体が
ともに利益になる権利

● 会社の経営に参加する権利

議決権

株主提案権

株主総会招集請求権 　など

CHECK! 株式の買取りを請求できる場合とは

株主が、株式を公正な価格で買い取るよう、会社に請求できるのは、主に次の2つのケースです。①会社が一定割合の事業譲渡などをする場合に、株主総会で議案に反対した株主は、自分が保有する株式を買い取ることを会社に請求できる《法469条》。②会社が定款で一定の数の株式を1単元と定め、1単元の株式に1つの議決権を与えている場合に、1単元未満の株主は、自分が保有する単元未満の株式を買い取ることを会社に請求できる《法192条》。

MEMO **単元：** 例えば、定款で10株を1単元と定め、1単元10株について1個の議決権を与える。この場合、10株未満の株主は議決権を持てない。これを「単元株制度」という（⇨P.88参照）。

保有している株式の数でも
株主の権利は変わる

❖ 1株でも保有していれば行使できる「単独株主権」

　共益権の中には、一定数の株式や、一定割合以上の議決権を保有していないと権利行使ができない権利があり、これを「少数株主権」といいます。それに対して、1株（1単元）でも保有していれば行使できる権利が「単独株主権」です。

　単独株式権には、例えば右上の図のようなものがあります。わかりやすいのは、株主総会における議決権です《法308条》。株主総会の議決を、取り消す訴訟を起こす権利などもあります《法831条》。会社に直接請求する権利のほかに、訴訟を起こす権利があるのです。株主代表訴訟提起権なども、会社に代わって役員の責任を追及する訴訟を起こす権利です《法847条》。

　なお、共益権ではない自益権のほうは、すべて1株でも保有していれば行使できる単独株主権です。

❖ 一定の割合の議決権などが必要な「少数株主権」

　次に、少数株主権には右下の図のようなものがあります。代表的なのは、株主総会の議題・議案を提案できる株主提案権です《法303条、305条》。

　その株主総会の招集を、会社に請求できる権利もあります《法297条》。やむを得ない理由がある場合は、そもそもの会社の、解散を請求する訴訟を起こす権利まであります《法833条》。

　ただし、少数株主権にはすべて、行使するのに必要な議決権の割合などが定められています。その割合の議決権などを保有しない株主は、少数株主権を行使することができません。

　また公開会社では、単独株主権や少数株主権の一部は、行使するために6ヵ月間の株式保有期間を要します（☞次項参照）。

単独株主権、少数株主権とは

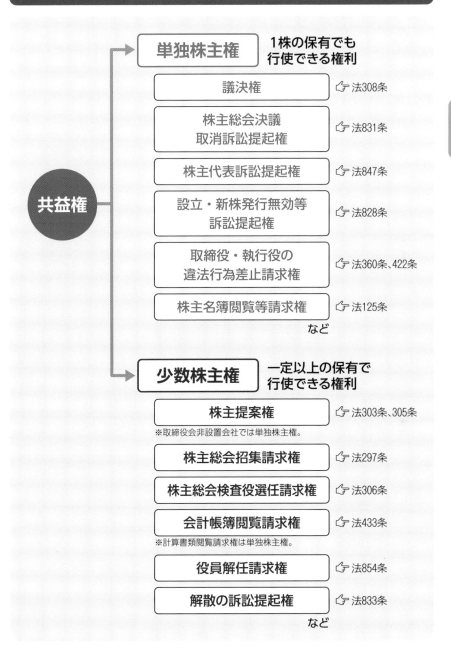

単独株主権 1株の保有でも行使できる権利

議決権	☞法308条
株主総会決議取消訴訟提起権	☞法831条
株主代表訴訟提起権	☞法847条
設立・新株発行無効等訴訟提起権	☞法828条
取締役・執行役の違法行為差止請求権	☞法360条、422条
株主名簿閲覧等請求権	☞法125条

など

共益権

少数株主権 一定以上の保有で行使できる権利

株主提案権	☞法303条、305条

※取締役会非設置会社では単独株主権。

株主総会招集請求権	☞法297条
株主総会検査役選任請求権	☞法306条
会計帳簿閲覧請求権	☞法433条

※計算書類閲覧請求権は単独株主権。

役員解任請求権	☞法854条
解散の訴訟提起権	☞法833条

など

MEMO 検査役：会社法に定める事項の調査のため、臨時に置かれる会社の機関。監査役とは異なる。株主などの申立てにより、裁判所が選任する。総会検査役、業務執行検査役などがある。

1人の株主が1回に
提案できる議案は10個まで

◆ 少数株主権には、議決権の割合などの条件がある

　少数株主権を行使するためには，右表のような**議決権や株式数の割合・数が必要**です。議決権総数の100分の1または100分の3が多いですが、解散の訴訟提起権は10分の1と高い割合になっています。

　同じ共益権でも、単独株主権にはこのような議決権割合や株式数の定めはありません。

　また，単独株主権も含めて、共益権の行使には、**保有期間の条件がつく**ものがあります。右表の保有期間欄に○印がついたものは、公開会社で、権利の行使前に6ヵ月間の保有が必要とされるものです。

　この保有期間の制限は、少数株主権を行使することを目的に、短期間だけ株式を保有する方法を使えなくするために定められています。ですから公開会社でない場合は、この制限はありません。

◆ 株主提案権は、提案できる議案の数に制限がある

　取締役会を設置した会社において、少数株主権のうち、株主提案権は、議決権総数の100分の1以上を保有する株主が、**株主総会の8週間前までに会社に通知すれば、株主総会に議案を提出できる**というものです《法303条、305条》。

　しかし以前は、株主総会の進行を妨害する目的で、1人の株主が非常にたくさんの議案を提出するなど、株主提案権が濫用されるケースが相次ぎました。

　そこで、2019年に成立した改正会社法（2021年3月施行）では、1人の株主が1回の株主総会で、提出できる議案の数に制限が加えられました。**1人の株主が1回に提出できる議案の数は10個まで**です《法305条4項》。

　この株主提案権の改正は、2019年改正会社法の大きなポイントの1つになっています。

少数株主権の制限と株主提案権

	権利の内容	議決権数・株式数	保有期間 (6ヵ月以上)
単独株主権	議決権	－	－
	株主総会決議取消訴訟提起権	－	－
	株主代表訴訟提起権	－	○
	設立・新株発行無効等訴訟提起権	－	－
	取締役・執行役の違法行為 差止請求権	－	○
	株主名簿閲覧等請求権	－	－
少数株主権	株主提案権	議決権総数の100分の1以上 または議決権300個以上	○
	株主総会招集請求権	議決権総数の100分の3以上	○
	株主総会検査役選任請求権	議決権総数の100分の1以上	○
	会計帳簿閲覧請求権	議決権総数または発行済み 株式総数の100分の3以上	－
	役員解任請求権	議決権総数の100分の3以上	○
	解散の訴訟提起権	議決権総数の10分の1以上	－

株主提案権の濫用制限

株主1人が1回の株主総会で提出できる議案は10個まで

(法305条4項)

(2019年改正会社法)

CHECK! 少数株主権の多くは議決権の割合を基準にしている

少数株主権のほとんどは、株式数でなく、議決権総数に対する割合で権利行使の可否が定められています。これは、会社の発行済み株式総数と、議決権の総数が合致しないことが多いからです。会社が保有する自己株式には議決権がなく、単元株未満の株主にも議決権はありません。結果、議決権の総数は、発行済み株式数と比べて少なくなる傾向があります。

MEMO **発行済み株式総数**：株式会社が定款で定める発行可能な株式数のうち、実際に発行した株式の総数。定款で定める株式数は「授権株数」という。

株主は株式の数と内容に応じて平等な取扱いを受ける

❖ 株式の「数」に応じて、株主は平等に扱われる

　株主の権利のうち、議決権などは、株主1人につき1個でなく、株式1株（1単元）につき1個が行使できます。また、剰余金分配請求権＝配当を受ける権利なども、株主1人につきいくらでなく、株式1株につきいくらで受け取るものです。

　もし、株主1人につき1個、いくらが与えられるとしたら、1,000株の株主も1株の株主も同じ権利を持つことになり、不平等になってしまいます。そこで会社法では、**株主を「株式の内容及び数に応じて」平等に取り扱わなければならない**と定めています《法109条》。これが会社法の「株主平等の原則」です。

　残余財産の分配《法504条3項》や、株式の割当て《法202条2項》についても、「株式の数に応じて」と定められています。

　ただし、**公開会社でない会社では、この限りではありません。**株主の平等を宣言した法109条では、続く2項で、公開会社でない場合は、定款で定めれば株主ごとに異なる取扱いができると明確に書かれています。

❖ 株式の「内容」に応じて、株主は平等に扱われる

　では、「内容」に応じて平等とは、どういうことでしょうか。

　あとで説明しますが、株式会社では**権利の内容が異なる、違う種類の株式を発行することができます。**優先株式と劣後株式については前にふれましたが（⇨P.70参照）、ほかにも議決権を制限した株式や、株主総会、取締役会の決議に拒否権を行使できる株式などがあります（⇨P.84参照）。

　一見、不平等に思えますが、同じ種類の株式の中では株主は平等に扱われるのです。「○○さんは重要な株主だから、議決権がない株式でも議決に参加させよう」などということは許されません。これが、内容に応じて平等な取扱いを受けるということです。

MEMO **株式の割当て：**例えば会社が保有している自己株式を株主に対して売却する場合、応募した株主に対して平等でなければならない。

「数」と「内容」に応じて平等とは

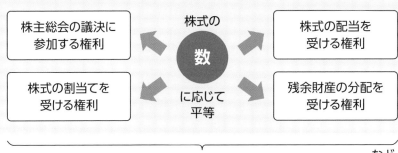

株式の **数** に応じて平等

- 株主総会の議決に参加する権利
- 株式の割当てを受ける権利
- 株式の配当を受ける権利
- 残余財産の分配を受ける権利

株主の人数に関係なく平等　など

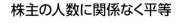

株式の **内容** に応じて平等

- 有利な扱いを受ける優先株式
- 議決権を制限した株式
- 不利な扱いを受ける劣後株式
- 拒否権を行使できる株式

同じ種類の株式の中で平等　など

優先株　劣後株

Check! もし、株主総会で不平等な決議をしたら

株主平等の原則には、少数の株式しか持たない株主の権利を守るという目的もあります。ですから、例えば「○株以下の株主には配当を分配しない」などと、取締役会で決議しても無効となる可能性が高いです。定款に定めても、株主平等の原則に反する内容は無効となる可能性が高いです。株式会社の最高意思決定機関である株主総会で決議しても、反する内容は原則として無効となる可能性が高いです。

株主は保有する株式を
自由に他人に譲渡できる

◆ なぜ株式の譲渡は原則として自由なのか

　株主平等の原則とともに、もう1つ株主にとって重要なのが「株式譲渡自由の原則」です。株主は原則として、**保有する株式を自由に譲渡（売却）できます**《法127条》。

　なぜ、株式の譲渡が自由と定められているのでしょうか。

　持分会社では、出資の払戻し、すなわち出資したお金や財産を会社から返してもらうことが認められています（⇨P.37参照）。しかし株式会社では、出資の払戻しが認められていません。株主が出資分を回収しようとしたら、株式を譲渡する（売る）しかないわけです。

　また一方では、株主の地位や権利は、株式という単位に分割され、1株当たりは内容に応じて平等です（株主平等の原則）。株式を保有する株主が誰であっても、関係ありません。つまり、会社にはとっては、**株主が誰であっても問題がない**はずです。そこで会社法は、株式の自由な譲渡を原則としているのです。

◆ 会社法は譲渡制限を設けることも認めている

　とはいえ、中小企業などでは、会社に全く無関係な人が株主になるのは困る場合もあるでしょう。経営者と少数の知り合いだけで株主を構成していたところに、いままで会社と無関係だった人が入り込み、株主の権利として経営に関与されては、経営困難になる可能性もあります。

　そこで会社法は、株式の譲渡に制限をつけることを認めています。詳しくは次項で説明しますが、株式の内容として、**譲渡により株式を取得する場合は会社の承認を必要とすると、定めることができる**のです。

　この制限は、発行する株式の全部に設けることもできますが《法107条》、一部だけ制限を設け、別に制限のない内容の株式を発行することもできます《法108条》。

MEMO **株式の内容**：株式会社では、権利の内容が異なる、違う種類の株式を発行することができる。その1つに譲渡による株式の取得に会社の「承認を要する」と定めた株式も発行できる。

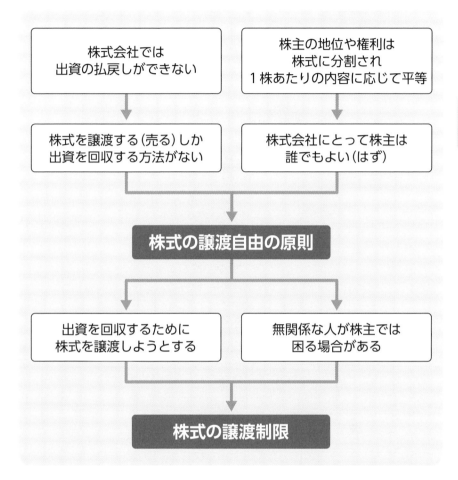

株式会社では
出資の払戻しができない

株主の地位や権利は
株式に分割され
1株あたりの内容に応じて平等

株式を譲渡する（売る）しか
出資を回収する方法がない

株式会社にとって株主は
誰でもよい（はず）

株式の譲渡自由の原則

出資を回収するために
株式を譲渡しようとする

無関係な人が株主では
困る場合がある

株式の譲渡制限

第3章 株主と会社のルール

CHECK! 株式の譲渡制限には定款の定めや登記が必要

株式は譲渡自由が原則なので、株式の全部または一部に譲渡の制限を設ける場合は、その旨と一定の事項を定款で定めなければなりません《法107条2項、108条2項》。譲渡制限を設けていない会社が、新たに譲渡制限を設ける場合は、株主総会の特殊決議や、株主に対する通知、公告などが必要になります。どちらの場合も設立の登記、変更の登記に際して、制限の内容を登記しなければなりません《法911条、915条》

MEMO **特殊決議：**議決権を行使できる株主の半数以上であり、なおかつ3分の2以上の賛成などを得た決議のこと。

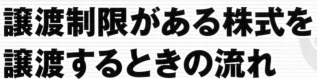

株式の譲渡制限

譲渡制限がある株式を
譲渡するときの流れ

◆ 会社による買取りか、買取人の指定を請求できる

　譲渡に制限がある株式は、会社の承認がない限り、永遠に譲渡できないのでしょうか。株式を譲渡したい株主は、譲渡が承認されなかった場合、**会社に株式の買取りを請求する**ことができます《法138条》。そこで、譲渡制限がある株式を譲渡する際の流れを見てみましょう。

　譲渡をしたい株主は、まず会社に譲渡承認請求を行います《法136条》。この請求は、譲渡により株式を取得する人もできますが、その場合は株主と共同で行わなければなりません《法137条》。

　このとき、会社が承認をしない場合に、会社自体か、他の買取人を指定することを合わせて請求することができるのです《法138条》。

◆ 会社は不承認の通知から40日以内に買取りを通知

　請求を受けた会社は、**2週間以内に承認か不承認かを決定し、株主に通知**しなければなりません。2週間以内にしないと、承認したものとみなされます《法145条》。この決定は取締役会か、取締役会がない会社では株主総会が行います。会社の他の機関を、定款で定めることも可能です《法139条》。

　承認する場合は、通常の場合と同じく、株式が譲渡され、会社は株主名簿の名義書換えを行います。

　一方、承認をしないで会社が買い取る場合は、**株主総会の特別決議を経て《法140条2項、法309条》、株主に通知**します。ここまでを不承認の通知から40日以内に行わなければなりません。買取人を指定する場合は、取締役会か株主総会の特別決議で指定し、10日以内に通知が必要です。

　どちらの場合も、株式を取得する側は一定の金額を仮の代金額として供託しなければなりません。また、株券を発行している会社では、**株主の側が株券を供託する**必要があります。

MEMO **特別決議**：行使できる議決権の過半数が参加し、3分の2以上の賛成を得た決議のこと。

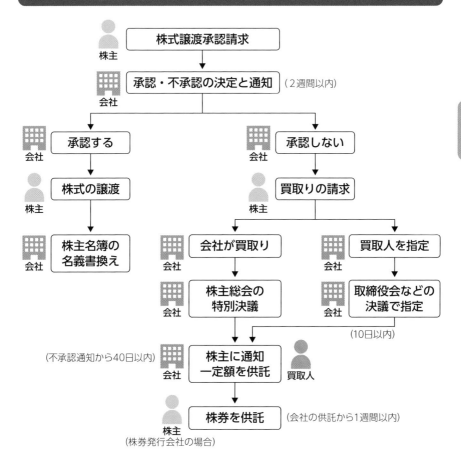

譲渡制限がある株式を譲渡するときの流れ

CHECK! もし、譲渡制限がある株式を
会社の承認なしに譲渡したら

会社の承認なしに株式を譲渡すること自体は可能で、その譲渡は法的にも有効とされています。譲渡人は代金を受け取り、譲受人は株券があれば株券を受け取ることが可能です。ただし、譲渡制限株式は、会社の承認がない限り、株主名簿の名義書換えを請求することができません《法134条》。名義書換えが行われないと、譲受人は株主総会で議決権を行使することも、配当を受け取ることもできないことになります。株主としての権利は持てません。

MEMO **供託**：金銭や有価証券などを供託所に提出して、管理を委ねること。最終的には供託所がその金銭や有価証券を、目的とする人に取得させる。供託所は法務局、地方法務局など。

配当や議決権の内容などを変えた株式も発行できる

❖ 優先株式、劣後株式を発行できる

　会社は、**定款で定めることによって、いろいろな種類の株式を発行できる**ことになっています《**法108条**》。前項の譲渡制限などは、この異なる種類の株式を利用して行うものです。これを「種類株式」といいます。

　種類株式を発行すると、投資を集めやすくなる場合があります。例えば、優先して配当を受けられる種類株式を発行すると《**法108条1項一号**》、配当が目的の人は投資がしやすくなるでしょう。同様に、会社が解散する際の残余財産の分配を優先的に受けられる株式も発行できます《**法108条1項二号**》。

　一方で、会社の経営に関与する株主を増やしたくない場合など、議決権を制限した種類株式の発行も可能です《**法108条1項三号**》。取締役の選任や解任だけについて議決権がない株式や、議決権は制限されるが、配当は優先的に受けられる株式なども発行できます。配当が優先的に受けられるなら、とくに議決権を必要としない株主もいるでしょう。

　このように、通常の株式（普通株式）より優先的な扱いを受けるのが「優先株式」です。劣った扱いを受けるものは「劣後株式」といいます。

❖ 会社が将来、取得できる株式を発行できる

　法108条1項には、上記のほか**全部で9種類、発行可能な種類株式が定められています**。前項で見た「譲渡制限株式」は第四号（右図④）です。

　第五号から第七号には、将来、会社がその株式を取得できると定めた種類株式が定められています。これら3つの種類株式では、右図のように、⑤株主が会社に取得を請求できる株式、⑥一定の事態になった場合に会社が取得できる株式、⑦株主総会の特別決議によって、その種類株式全部を会社が取得できる株式の発行が可能です（図の⑧と⑨については次項で解説）。

 異なる種類の株式：法108条1項には次のように定められている。「株式会社は、次に掲げる事項について異なる定めをした内容の異なる二以上の種類の株式を発行することができる。」（後略）

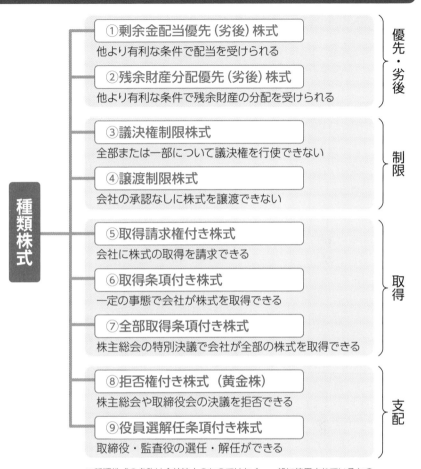

普通株式と内容の異なる種類株式とは

種類株式

① 剰余金配当優先（劣後）株式
他より有利な条件で配当を受けられる

② 残余財産分配優先（劣後）株式
他より有利な条件で残余財産の分配を受けられる

優先・劣後

③ 議決権制限株式
全部または一部について議決権を行使できない

④ 譲渡制限株式
会社の承認なしに株式を譲渡できない

制限

⑤ 取得請求権付き株式
会社に株式の取得を請求できる

⑥ 取得条項付き株式
一定の事態で会社が株式を取得できる

⑦ 全部取得条項付き株式
株主総会の特別決議で会社が全部の株式を取得できる

取得

⑧ 拒否権付き株式（黄金株）
株主総会や取締役会の決議を拒否できる

⑨ 役員選解任条項付き株式
取締役・監査役の選任・解任ができる

支配

※種類株式の名称は会社法上のものではなく、一般に使用されているもの。

CHECK! 全部の株式の内容を変えることもできる

普通株式の内容は会社法に定められていますが、発行する全部の株式を普通株式でない、内容の異なる株式とすることもできます《法107条1項》。これは、種類株式ではありません。種類株式とは、普通株式も含めて、内容の異なる2種類以上の株式を発行する場合をいいます。全部の株式の内容を変えることができるのは、譲渡制限株式、取得請求権付き株式、取得条項付き株式の3つです《法107条1項一号、二号、三号》。

拒否権を付けた
黄金株も発行できる

◆ 拒否権付き株式とはどういうものか

前ページの図中の⑧は「拒否権付き株式」です。じつは、会社法の条文にはどこにも「拒否権」などと書いてありません。ここで説明する種類株式を発行すると、拒否権がついた株式になる、ということなのです。

どういうことかというと、法108条1項八号で定めているのは、通常の株主総会や取締役会で決議した事項でも、もう1つ別の株主総会の決議が必要と定めることができる、その株主総会（種類株主総会）を構成する株主（種類株主）になれる株式が発行できる、ということです。

これは、**その種類株式と種類株主総会に、普通の株主総会や取締役会の決議に対する拒否権を与えたのと同じこと**になります。

この拒否権付き株式を発行すると、敵対的買収などがあった際に、強力な防衛策になります（⇨右ページ参照）。

◆ 役員の選任・解任ができる種類株主総会も

前ページの図中の⑨は、取締役や監査役の選任・解任ができるという条項がついた株式です。この種類株式の株主は、**種類株主総会の決議だけで取締役や監査役など、役員の選任と解任ができます**《法108条1項九号》。

例えば、2つの会社が出資して新会社を設立し、取締役はそれぞれ5人ずつ選任したいという場合、この種類株式を発行して5対5の割合で2つの会社が取得すれば、予定どおり5人ずつの取締役を選任することが可能です。

ただし、指名委員会等設置会社（⇨P.54参照）と公開会社（⇨P.58参照）は、この種類株式を発行できません《法108条1項ただし書き》。

このほか、株式の種類の追加や、株式の内容の変更などで、種類株主に損害を及ぼすおそれがあるときは、その種類株主を構成員とする種類株主総会の決議がなければ行えないことになっています《法322条1項》。

敵対的買収：買収先の会社の同意（取締役会の承認）を得ずに、ＴＯＢ（株式公開買付け）などの方法で買収すること。買収先の経営を支配するため、議決権の過半数の取得をめざす。

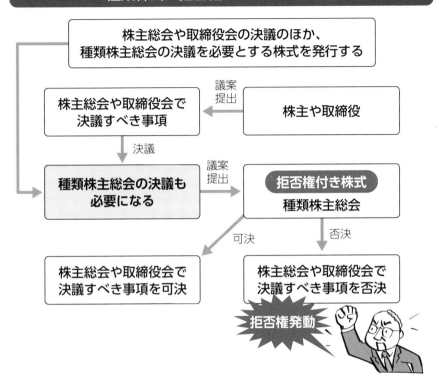

種類株式に拒否権がつけられる理由

株主総会や取締役会の決議のほか、
種類株主総会の決議を必要とする株式を発行する

株主総会や取締役会で
決議すべき事項

株主や取締役

議案
提出

決議

種類株主総会の決議も
必要になる

議案
提出

拒否権付き株式
種類株主総会

可決

否決

株主総会や取締役会で
決議すべき事項を可決

株主総会や取締役会で
決議すべき事項を否決

拒否権発動

Check! 拒否権付き株式が「黄金株」と呼ばれる理由

信頼できる法人や個人に、拒否権付き株式を発行しておくと、敵対的買収などに対して強力な防衛策になります。もし、議決権の過半数を取得され、普通の株主総会で取締役の選任・解任や、事業の譲渡などを決議されても、もう1つ、拒否権付き株式の種類株主総会の決議（可決）も必要とされるからです。上図のようなしくみで、拒否権付き株式を発行した法人や個人の種類株主総会で否決されれば、拒否権の発動と同じことになります。そのため拒否権付き株式は「黄金株」と呼ばれることもあります。また、拒否権付き株式は同時に、前項の種類株式④譲渡制限株式としておくこともできます。そうしておけば、会社の承認なしに、拒否権付き株式が第三者に譲渡される心配もありません。ただし逆に、経営者の保身などに悪用されるおそれもあるため、上場会社では証券取引所などにより一定の制限がかけられています。

1株の株式に1個の議決権を
与えない制度がある

◈ 単元未満株主には議決権が与えられない

　発行している株式の数が多くなると、管理も大変になります。数株しか持っていないような株主に対しても、株主総会の収集通知など、大株主と同じ手間とコストがかかるからです。

　そこで、ごく少額の出資をしている株主に対して、管理コストを抑える目的で、株主総会の議決権を制限できる制度があります。「単元株制度」といい、**一定数の株式を持たない株主に議決権を与えない**というものです。

　単元株制度を採用する場合は、定款で、例えば「100株を1単元とする」と定めます《法188条》。

　前項、前々項で見た「種類株式」を発行している場合は、種類ごとに定めることが必要です《法188条3項》。

　そうすると、単元株式数に満たない数の株式（単元未満株式）を持つ株主（単元未満株主）は、株主総会や種類株主総会で議決権を行使することができません《法189条》。

◈ 単元未満株主は議決権以外にも行使できないことがある

　1単元の株式数をあまり大きく定めると、大口の投資家しか投資ができなくなってしまいます。そこで定められているのが、**1,000株か、発行済み株式総数の200分の1を超えてはならない**、という上限です《法施行規則34条》。なお、上場会社は2018年10月から、1単元の数が原則100株に統一されています。

　また、議決権以外の権利についても、「単元未満株主は行使できない」と定款で定めることが可能です《法189条2項》。

　ただし、株式無償割当てを受ける権利や、単元未満株式の株式買取請求権、残余財産分配請求権（⇨P.72参照）などは、行使を制限することができません《法189条2項一号～六号》。

単元株制度で議決権を制限する

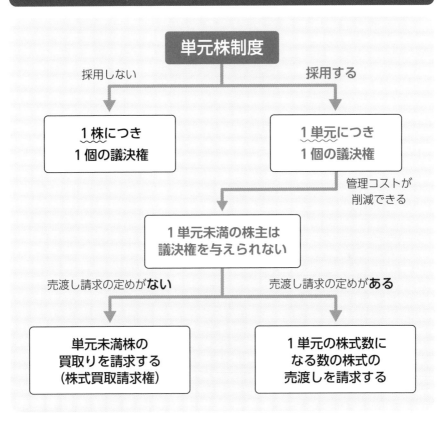

単元株制度

採用しない → **1株につき1個の議決権**

採用する → **1単元につき1個の議決権** 管理コストが削減できる

↓

1単元未満の株主は議決権を与えられない

売渡し請求の定めが**ない** → **単元未満株の買取りを請求する（株式買取請求権）**

売渡し請求の定めが**ある** → **1単元の株式数になる数の株式の売渡しを請求する**

CHECK! 単元未満株主はどうしたらいいか

前述のように、単元未満株主は会社に単元未満株式の買取りを請求することができます《法192条》。この株式買取請求権は、定款で定めても行使を制限することができません。単元未満株式の買取価格は、市場価格のある株式（上場株式）の場合は、買取請求日の終値などになります《法施行規則36条》。市場価格のない株式では、会社と単元未満株主の協議になりますが、協議が整わない場合は裁判所に価格を決定してもらうことも可能です《法193条》。さらに、会社が定款で定めている場合は、単元未満株式売渡請求ができることもあります《法194条》。これは、単元未満株式の数と合わせて、単元株式数となる数の株式を売り渡すことを、会社に請求するものです。

株主の議決権行使や
配当の受取りには名義書換えが必要

❖ 譲渡を受けたら株主名簿の名義書換えをする

　株式の売渡し、すなわち譲渡はどのように行うのでしょうか。譲渡自体は民法上、譲り渡す側と譲り受ける側の意思表示だけで成立するとされています（ただし、株券発行会社では株券の引渡しが必要《法128条》）。

　しかし、当事者同士が譲渡の意思表示をしただけで、譲り受けた側が株主の権利を行使できるわけではありません。そもそも、譲渡があったことが株式発行会社にはわからないでしょう。そこで必要になるのが、株主名簿の名義書換えです。

　名義書換えは、それまで株主名簿に記載・記録されていた株主と、譲渡による株式の取得者が共同で会社に請求します《法133条2項》。

　株主名簿には、右図のような項目が記載・記録されていますが《法121条》、これらが取得者の名義に書き換えられて、初めて株主の権利行使が可能です。つまり、議決権を行使したり、配当を受け取ったりすることが可能になります。

❖ 株主の権利は基準日の株主に認められる

　とはいえ、上場会社などでは株式の譲渡が日常的に行われ、株主の権利を誰に認めるかも毎日のように変わります。

　そこで会社は、権利行使の前3ヵ月以内の特定の日を基準日として定め、基準日現在の株主名簿に記載・記録された株主に権利行使を認めることが可能です《法124条》。

　例えば、6月の下旬に株主総会を開くとしたら、3月31日を基準日として、その日の株主名簿により招集通知を発送する、といった具合です。

　ただし、議決権については、基準日現在の株主の権利を害さないという条件つきで、基準日以後の取得者に権利行使を認めることもできます《法124条4項》。

株式等振替制度： 上場会社の株券などを廃止し、株主の権利などの管理を証券保管振替機構（ほふり）と、証券会社などに開設された口座で電子的に行う制度。

名義書換えは共同で請求する

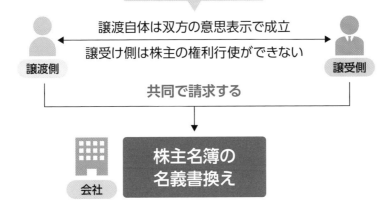

株式の譲渡

譲渡側 ← 譲渡自体は双方の意思表示で成立 → 譲受側
譲受け側は株主の権利行使ができない

共同で請求する

会社

株主名簿の名義書換え

● **株主名簿の記載・記録事項** 《法121条》

①株主の氏名または名称および住所

②保有する株式の数
（種類株式の場合は種類と数）

③株主が株式を取得した日

④株券発行会社の場合は株券の番号

名義書換えができると
基準日現在の株主が
権利を行使できるようになる

※紙の名簿の場合は記載、電磁的記録の場合は記録

CHECK! 株主はいつでも株主名簿を見られるか

株主（と会社の債権者）は、会社の営業時間内なら、いつでも株主名簿の閲覧やコピー（謄写）ができるのが原則です。ただし、理由を明らかにしなければならないとされていて《法125条2項》、理由によっては会社が拒否できる場合があります。例えば、閲覧者が第三者に情報を売って利益を得る場合などです。会社が拒否できる場合は、条文に明記されています《法125条3項一号〜四号》。

会社は自社の株式を
取得・保有・処分できる

◆ 会社が自己株式を取得するとは

　会社は、株主から自社の株式を譲り受ける、すなわち取得することもできます。わざわざ自社株を取得するとは不思議なようですが、実は右下の図のように、メリットの多い方法です。

　詳しい説明は省略しますが、株式市場に流通する上場企業の株式と、会社の純資産（自己資本）が減ることにより、図にあげたような効果があります。そこで、自己株式を取得するには、あらかじめ株主総会の決議で、**取得する株式の数、対価の内容と総額、取得する期間（1年以内）を定めておくことが必要です《法156条》**。

　そして、取締役会などが具体的な内容を決議し**《法157条》**、株主に通知します**《法158条》**。通知を受けた株主が譲渡を申し込むと、会社は自己株式を取得できるわけです。

　申込みの株式数が、あらかじめ定めた取得する株式の数を超えたときは、申込数に応じて、株式の数を按分します**《法159条2項》**。

◆ 特定の株主から取得する場合と、市場で取得する場合

　ただし、株主全員を対象としたものでなく、**特定の株主から取得する場合は、株主総会の特別決議（過半数の出席かつ3分の2以上の賛成）が必要です《法309条2項二号》**。

　また、上場会社が株式市場で取得する場合は、「取締役会の決議で取得できる」と定款で定めておきます**《法165条2項》**。

　なお、自己株式の取得については、剰余金の配当と同じく、分配可能額を超えることは不可です（⇨P.68参照）。

　自己株式の保有については、数や期間の制限はありません。

　ただし、自己株式には議決権がないこと**《法308条2項》**、配当はできないこと**《法453条》**に注意しましょう。

 ROE：Return On Equity、自己資本利益率。株式投資の代表的な指標で、当期純利益を自己資本で割って求める。自己株式の取得では、分母の自己資本が減るため、ROEの比率が向上する。

自己株式の取得・保有・処分

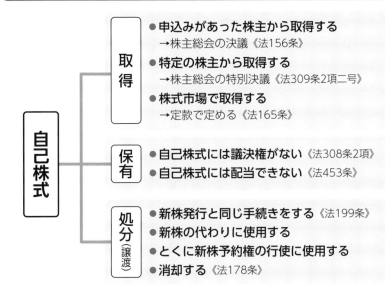

自己株式

取得
- **申込みがあった株主から取得する**
  →株主総会の決議《法156条》
- **特定の株主から取得する**
  →株主総会の特別決議《法309条2項二号》
- **株式市場で取得する**
  →定款で定める《法165条》

保有
- **自己株式には議決権がない**《法308条2項》
- **自己株式には配当できない**《法453条》

処分（譲渡）
- **新株発行と同じ手続きをする**《法199条》
- **新株の代わりに使用する**
- **とくに新株予約権の行使に使用する**
- **消却する**《法178条》

● 自己株式の取得・保有のメリット

- **市場での株式の流通量を減らすことにより**
  →株価の維持・上昇が期待できる
  →敵対的買収の対抗手段になる
- **加えて、自己資本を減らすことにより**
  →ROE などが向上する
- **自己株式を保有することにより**
  →M＆Aの対価、新株予約権などに使用できる

CHECK!　自己株式の処分・消却もできる

取得して保有している自己株式は、処分することができます。自己株式の処分とは、要するに売却（譲渡）することです。しかし、市場に流通する株式が増える、純資産が増えるという点では、増資（新株の発行）と同じですから、新株の発行と同じ手続きが必要です《法199条》。また、新株と同様にM＆Aや、新株予約権の行使などに際して使用することもできます。さらに、取締役会の決議などで消却することも可能です《法178条》。消却では、処分とは異なり、株式自体が消滅します。

MEMO　**新株予約権**：権利者が会社に対して申し出たら、株式を取得することができる権利（⇨P.170参照）。

会社はなぜ株式の併合・分割・無償割当てを行うのか

◈ 株式併合、株式分割とは

　前ページでふれた自己株式の消却には、自己株式の取得と同じく、発行済み株式総数を減らしてROEやPERを上げる効果があります。同様に、**株式総数を減らす効果があるのが、株式併合**です。

　株式の併合では、例えば10株を1株、5株を4株というように、一定の割合で株式をまとめます《法180条〜182条の6》。株式の数は減りますが、通常はその分、株価が上がるので株式の価値は変わりません。

　一方で、低い株価で投資家に悪いイメージを持たれることを防げます。

　とはいえ、株式の併合では様々な問題が起こるので、株主総会の特別決議が必要です《法309条2項四号》。

　株式の併合とは逆に、例えば1株を2株、2株を3株というように一定の割合で、株式をより多くの株式に分けるのが、株式分割です《法183条〜184条》。取締役会がある会社では、取締役会の決議で行えます。

　株式の分割によって、通常は株価が下がるので、**投資家はより少額で投資が可能になり、株式の流動性が高まります。**

◈ 会社法で認められた株式無償割当て

　また、株式無償割当ては、会社法で新たに認められた制度です。

　既存の株主に対して代金の払込みなしに、無償で新株を割り当てるという点で、単なる新株発行とは異なります《法185条〜187条》。**株主への利益還元や、株式の流動性を高めることが目的**です。

　また、株式の数が増えるという点では株式の分割と同じですが、普通株式の株主に種類株式（⇨P.84参照）を割り当てることができるなどの違いがあります《法186条1項一号》。取締役会の決議で行える点は同じです。

　さらに、株式の分割では会社が保有する自己株式の数も分割・増加しますが、株式無償割当てでは自己株式には新株が割り当てられません。

MEMO **PER**：Price Earnings Ratio、株価収益率。株式投資の代表的な指標で、当期純利益を発行済み株式総数で割る。自己株式の取得では、分母の発行済み株式総数が減るため、PERの比率が向上する。

株式の併合・分割・無償割当ての目的

株式併合　株式を一定の割合で、より少ない株式にまとめる

株式	株式
株式	株式

→ 株式

目的 株価を上げて低位株のイメージを持たせないこと　など

株式分割　株式を一定の割合で、より多くの株式に分ける

株式 →

株式	株式
株式	株式

目的 株価を下げて買いやすくし、流動性を高めること　など

株式無償割当て　既存の株主に新株を無償で割り当てる

株式 →

新株
株式　株主

目的 株主への利益還元、株式の流動性を高めること　など

CHECK!　非上場会社でも自己株式の取得を行うか

自己株式の取得や消却は、株価の上昇など上場会社にとってメリットが多いものですが、非上場の中小企業でも自己株式の取得が行われるケースがあります。よくあるのは、オーナー社長の相続税対策です。オーナー社長が保有していた会社の株式を相続する場合、高い評価額がつけられることがあります。しかし非上場の株式は、売却して相続税の納税にあてることが非常にむずかしいでしょう。そこで、会社が自己株式の取得として可能な範囲で買い取り、相続人はその代金で相続税を納税するわけです。ただし、株式の売却益には相続人個人の所得税がかかることがあるので、その対策も講じておく必要があります。

MEMO **低位株：** 株価の水準が、その株式市場全体の水準に比べて低い株式。明確な定義はないので、○○円以下などと区分したり、その市場の株価ランキングで下位○％というように区分したりする。　95

特例有限会社の
株主や株式はどうなるか

● 社員は株主、出資１口が１株になっている

　会社法の施行に伴い、有限会社法は廃止され、それまでの有限会社は会社法のもとで株式会社の一種、特例有限会社として存続しています。では、特例有限会社の株主や株式はどうなっているのでしょうか。

　特例有限会社の扱いについては、整備法（⇨P.64参照）**に定め**があります。旧有限会社は株式会社として存続し《整備法2条1項》、社員は株主、持分は株式、出資１口は１株とみなされています《2条2項》。

　特例有限会社の株式は、譲渡制限株式であり、譲渡の承認は株主総会が行います。株主の間での譲渡は自由ですが、譲渡制限自体の変更は定款によってもできません《9条》。

　機関設計にも制限があります。特例有限会社が置くことができるのは、株主総会と取締役、それに会計監査に限定した監査役だけで、取締役会、会計参与、監査役会、会計監査人、委員会は置くことができません、《整備法17条、会社法326項2項》。

● 商号で「有限会社」と名乗らなければならない

　こうした定めがある一方で、旧有限会社に認められていたメリットは、会社法の特例として残されています。例えば、一般の株式会社にある役員の任期の制限はありません。また、一般の株式会社が行う決算の公告も不要です（⇨P.44参照）。

　このように、特例有限会社は一般の株式会社とは異なる株式会社なので、**特例有限会社であること**を明確にするための規定も整備法にあります。

　特例有限会社は、商号の中に「有限会社」という文字を用いなければなりません《整備法3条1項》。そもそも、株式会社として存続している旧有限会社を「特例有限会社」と名付けているのも整備法です《3条2項》。

　株式会社などと誤認されるおそれがある文字を、商号中に用いてはならず、これに違反して用いると100万円以下の過料が課されます《3条4項》。

第 4 章

株主総会
のルール

株式会社の最高意思決定機関

株主総会は会社の すべてについて決議できる

❖ 株主総会は最高意思決定機関

　株式会社にとって、最も重要な機関の1つが、株主総会です。すべての株式会社が設置しなければならない機関は、株主総会と取締役ですが、取締役はそもそも株主総会で選任されます《法329条1項》。**株主総会こそが、株式会社の最高意思決定機関**です。

　ですから会社法は、株主総会が**組織、運営、管理その他株式会社に関する一切の事項について決議できる**と定めています《法295条1項》。

　ただし、株主が多数いる会社では、いちいち株主総会を開いて様々な決議をするのは、現実的でありません。そこで、取締役会を設置している会社では、株主総会は**会社法と定款に定めた事項に限って決議できる**ことにしています《法295条2項》。

❖ 株主総会以外の決定は無効

　右の一覧が、会社法に定める株主総会の決議事項の例です。これら会社法で定めた事項は、取締役会など株主総会以外の機関に決定を任せることができません。

　もし、定款で定めたとしても、その内容は無効とされます《法295条3項》。

CHECK! あらかじめ通知された議題以外は決議できない

株主総会では様々な議題が決議されますが、じつは取締役会設置会社では、原則、招集通知に記載された議題以外は決議することができません。株主総会を招集する際、株主総会の目的がある場合にはその目的を定め《法298条1項二号》、それ以外の事項については決議することができない定めだからです《法309条5項》。株主に、事前の検討をする時間を与えているわけです。取締役会非設置会社は、それ以外の事項についても決議できます。

MEMO **合併**：合併には様々なものがあり、吸収合併や新設合併などの種類がある（⇨P.204参照）。

株主総会で決議できる事項

● 取締役会設置会社について会社法が定める事項（例）

- 譲渡制限株式の買取り《法140条2項》
- 自己株式の取得《法156条1項》
- 特定の株主からの自己株式の取得《法156条1項、160条1項》
- 株式の併合《法180条2項》
- 株主総会の延期・続行決議《法317条》
- 役員の選任・解任《法329条1項、341条》
- 計算書類の承認《法438条2項、441条4項》
- 資本金の額の減少《法447条1項》
- 資本金の額の増加《法450条2項》
- 剰余金の処分《法452条》
- 定款の変更《法466条》
- 事業譲渡の承認《法467条》
- 解散《法471条三号》
- 吸収合併契約・吸収分割契約・株式交換契約の承認《法783条1項、795条1項》
- 新設合併契約・新設分割契約・株式移転契約の承認《法804条1項》

※上記は、例えば会計監査人（⤴ P.54 参照）が設置されている場合に、株主総会で決議せずに報告だけで済むなどの例外もある。

● 取締役会非設置会社について会社法が定める事項（例）

- 譲渡制限株式の譲渡による取得承認《法139条1項》
- 譲渡制限株式の買取人の指定《法140条5項》
- 株式分割《法183条2項》
- 株式無償割当て《法186条3項》
- 譲渡制限株式の割当て《法204条2項》
- 会社の組織、運営、管理その他株式会社に関する一切の事項《法295条1項》
- 代表取締役その他の代表者の選任《法349条3項》

※上記も会社の機関設計により、例外あり。

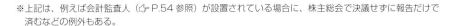

株式無償割当て：例えば100株を保有している株主に10株を無償で割り当てること。このとき株式分割と異なり、別の種類株にもできる。

株主総会の招集手続きで株主の公平な参加を確保する

◆ 取締役会で決定して招集通知を発送する

株主総会で重要なことは、株主全員が公平に参加の機会を確保されることです。そこで会社法では、株主総会招集の手続きを定めています。取締役会設置会社と非設置会社で異なりますが、ここでは取締役会設置会社の招集手続きを見てみましょう。

取締役会設置会社では、まず**取締役会が日時や場所、株主総会の目的（議案）などを決定**します《法298条1項、4項》。招集に際して、会社法で必要と定めている事項は、右図のとおりです《法298条1項一号〜五号》。

次に、それらを記載した**株主総会の招集通知を、書面などで株主に発送**しなければなりません。その期限は、公開会社以外の会社では総会の日の1週間前まで、公開会社では2週間前までです《法299条1項》。なお、株主全員の同意がある場合に限り、招集の手続きなしで株主総会を開催できます《法300条》。

◆ インターネットで招集通知や株主総会資料も可能

2019年の会社法改正で、招集通知を電磁的方法、すなわち電子メール等で発送することが可能になりました。**定款で定め、個別の株主の承諾を得たうえで、電子メール等の利用が可能**です。この場合、書面による通知を発送したものとみなされます《法299条3項》。

また、2022年9月に施行された改正会社法により、2023年3月以降の株主総会からは、**株主総会資料がウェブサイトで電子提供され、パソコンやスマートフォン、タブレットなどで確認することが可能**です《法325条の2〜7》。この電子提供措置はすべての上場会社に義務づけられ、非上場の会社でも定款に定めれば可能になります。ただし、電子提供制度を利用できない株主のために、株主が請求した場合には、会社は株主総会資料を書面で交付しなければなりません《法325条の5》。

 議決権行使書：議決権を行使する書面。株主の数が1,000人以上の場合は、原則として書面による議決権行使が義務づけられている《法298条2項》。

株主総会の招集通知と総会資料

（取締役会設置会社の場合）

● **取締役会が、まず定めなければならない事項**

①株主総会の日時および場所
②株主総会の目的である事項があるときはその事項（議題）（☞P.104参照）
③書面で議決権行使ができるときはその旨（☞P.108参照）
④電磁的方法で議決権行使ができるときはその旨（☞P.108参照）
⑤その他会社法施行規則で定める事項（前年の定時株主総会（☞次項参照）の
　日程と大きく異なる場合のその理由など）

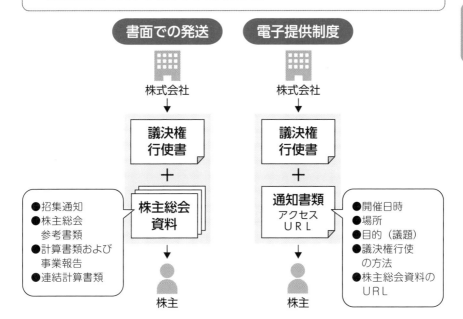

書面での発送

株式会社

議決権
行使書
＋
株主総会
資料

●招集通知
●株主総会
　参考書類
●計算書類および
　事業報告
●連結計算書類

株主

電子提供制度

株式会社

議決権
行使書
＋
通知書類
アクセス
ＵＲＬ

●開催日時
●場所
●目的（議題）
●議決権行使
　の方法
●株主総会資料の
　ＵＲＬ

株主

CHECK! 株主総会資料を電子提供する場合の注意点

　株主から請求があった場合は、電子提供制度をとっていても書面で交付しなければならないことのほかにも注意点があります。電子提供制度でも、招集通知は、株主の承諾を得て電子メールで発送している場合以外は、書面で発送しなければなりません《法299条2項一号》。また、株主総会資料のウェブサイトへの掲載は、株主総会の日の3週間前の日から、株主総会の日の後3ヵ月を経過する日まで継続する必要があります《法325条の3》。

取締役会を設置しない会社では簡単な手続きで開催が可能

◈ 株主総会が電話や口頭で招集できるか

公開会社以外の会社で、書面か電磁的方法による議決権の行使ができず、さらに取締役会を設置していない会社では、**株主総会の招集手続きは簡単なもの**になります。

まず、株主総会の招集通知発送は、定款で定めれば1週間より短くすることができます《法299条1項》。

また、招集通知は書面や電磁的方法でする必要がありません。**電話や口頭でも可能**ということです《法299条2項二号》。さらに、計算書類や事業報告など、株主総会資料の交付や電子提供も不要になります《法437条》。

以上を含めて、招集の時期と方法をまとめてみると、右表のようになります。なお、議決権の行使が、108ページで説明する書面か電磁的方法でできない場合、招集通知の発送は1週間前の日までになりますが、取締役会非設置会社とは異なり、定款で短縮することはできません。

◈ 株主総会の種類ごとの招集手続きは

株主総会には、定時株主総会と臨時株主総会という種類がありますが、株主総会の招集手続きは同じです。

定時株主総会は、**事業年度の終了後「一定の時期」に招集**しなければなりません《法296条1項》。計算書類をベースとした決算報告の承認や、剰余金の配当などが議案になります。

臨時株主総会は、定時株主総会以外の株主総会です。**必要がある場合には、いつでも招集**することが可能です《法296条2項》。

このほか、「黄金株」の説明でふれた、種類株主総会があります（☞P.86参照）。招集の手続きは変わりませんが、法令・定款に定めがあれば必ず招集しなければならない場合がある総会です。

株主総会の招集通知と招集時期

（取締役会非設置会社など一定の要件を満たした場合）

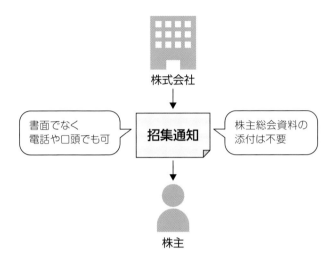

株式会社

書面でなく
電話や口頭でも可

招集通知

株主総会資料の
添付は不要

株主

● 株主総会の招集時期と方法（まとめ）

会社の種類 ／ 招集方法		招集通知の発送時期	招集の方法
公開会社 （書面等で議決権行使できる会社）		２週間前の日まで	原則として書面 株主の承諾を得て電磁的方法も可
公開会社 以外の会社	取締役会設置会社	１週間前の日まで	
	取締役会非設置会社	１週間前の日まで （定款で短縮できる）	書面・電磁的方法以外も可

CHECK!　株主総会は事業年度終了から３ヵ月以内か

定時株主総会は、事業年度終了の日から３ヵ月以内と覚えている方も多いでしょう。じつは、会社法には「一定の時期に」とあるだけで、期限の定めはありません。３ヵ月以内というのは、税法が、株主総会の承認を受けた決算をもとに、原則２ヵ月、延長して３ヵ月以内の法人税申告・納税を求めているためです。

議事進行は一般的に代表取締役社長、取締役などには説明義務も

◆ 議長は議題、議案に沿って議事進行する

　株主総会が開かれたら、その場の議事進行は株主総会の議長が行うことになります。会社法には、議長の資格についての定めはありませんが、**会社の定款で「代表取締役や社長を議長とする」と定めている**のが一般的です。

　議長は、あらかじめ定められて、招集通知に記載された議題・議案に沿って議事を進行します。

　「議題」とは、その株主総会の大ぐくりの目的のことです。例えば「取締役3名選任の件」などとあらわされます。

　それに対して「議案」は、大ぐくりの目的に関する具体的な提案です。例えば「取締役3名選任の件」に対して「取締役○○○○選任の件」と、具体的な人名をあげて提案します。ですから、1つの議題の中に複数の議案を含めることも可能です。

　こうした議事進行について、**会社法は議長に強い権限を与えています**（右ページ参照）。

◆ 出席する取締役などには説明義務がある

　一方、株主総会に出席する取締役などに対しては、会社法は株主に対する説明義務を課しています。株主の質問が封じ込められたり、説明を拒否されて、株主総会が形骸化することを防ぐためです。

　取締役、会計参与、監査役、執行役は、株主から質問された事項について、原則として必要な説明をしなければなりません《法314条》。

　ただし、**株主総会の目的と無関係な事項などについては、説明を拒むことができます**。拒むことができるのは、右図のような場合です《法314条ただし書き》。その他の場合については、会社法施行規則にも定めがあります《施行規則71条》。

株主総会で説明を拒むことができる場合

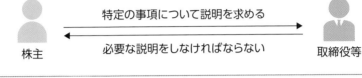

株主総会

取締役・会計参与・監査役・執行役には説明義務がある

株主 —— 特定の事項について説明を求める ——→ 取締役等

取締役等 ←—— 必要な説明をしなければならない —— 株主

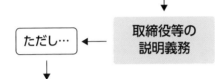

ただし… ← 取締役等の説明義務

以下の場合は取締役等が説明を拒める

《法314条ただし書き》
- 議題に関係しない説明を求められた場合
- 説明をすると株主の共同の利益を著しく害する場合
- その他正当な理由がある場合として法務省令（施行規則）で定める場合

《法施行規則71条一号～四号》
① 説明をするために調査が必要な場合（調査が簡単な場合などを除く）
② 説明をすると会社その他の者の権利を侵害する場合
③ 実質的に同じ事項について繰り返し説明を求められた場合
④ 説明できない正当な理由がある場合

CHECK! 株主総会の議長には強い権限が与えられている

株主総会の議長の権限は、会社法に「秩序を維持し、議事を整理する」《法315条1項》、議長の命令に従わない者などを「退場させることができる」《法315条2項》と書かれていることから、「秩序維持権」「議事整理権」「退場命令権」と呼ばれています。議長には、株主総会の秩序を乱す者に退場命令を出せるほど、強い権限が与えられているわけです。

株主も株主総会の
議題や議案を提案できる

❖ 株主提案権は3つで構成されている

　株主総会の議題と議案は、取締役または取締役会が決定することになっていますが（⇨P.100参照）、**株主も提案することができます**。これが株主提案権です《法303条〜305条》。

　株主提案権は、右図の3つで構成されています。わざわざ招集通知への記載を請求する権利があげられているのは、取締役会設置会社では招集通知に記載のない議題は、決議ができないためです（⇨P.98参照）。

❖ 議題や議案を提案するための要件は

　ただし、取締役会設置会社や公開会社では、提案できる株主の要件があります。取締役会設置会社で公開会社の議題の場合、**議決権の100分の1以上または300個以上の議決権を、6ヵ月前から保有している**（いずれも定款で引き下げることが可能）ことが必要です《法303条2項》。公開会社では原則、株式の譲渡が自由に行えるので、議題の提案権が濫用されるおそれがあるためです。公開会社以外の会社では、この6ヵ月前からという要件はありません《法303条3項》。

　また、取締役会非設置会社では、100分の1以上または300個以上という要件もなくなります。

　ただし、株主総会より前に、事前に提案を行う場合は、公開会社でも公開会社以外の会社でも、取締役会設置会社でも非設置会社でも、**株主総会の日の8週間前（中56日）までに行うことが必要です**。

　取締役会設置会社では、招集通知に記載のない議題の決議ができないので、自動的に8週間前までの議題提案ということになります。

　一方、取締役会非設置会社では、株主総会の当日に、その場で議題提案するようなことも可能です。

　議案については、どの会社でも当日提案が可能です《法304条》。

株主提案権とはどういうものか

議題提案権

株主

株主が提案する一定の事項を株主総会の
目的（議題）とすることを請求できる

取締役

議案提案権

株主

株主総会の議題について
議案を提案することができる

取締役

議案通知請求権

株主

株主が提案する議案の要領を招集通知に
記載（記録）することを請求できる

取締役

●議題の提案に必要な要件

	取締役会設置会社	取締役会非設置会社
公開会社	議決権の100分の1以上、または300個以上の議決権を6ヵ月前から保有する	議決権を保有する株主ならば、行使できる
公開会社以外の会社	議決権の100分の1以上、または300個以上の議決権を保有する	
事前の提案	株主総会の日の8週間前までに行う	期限はない
当日の提案	できない（議案はできる）	できる

CHECK! 株主提案の議案の数え方は

株主は議題・議案を提案できますが、その個数は株主提案権の濫用を防ぐために10個までに制限されています（⇨P.76参照）。そこで問題になるのが議案の数え方です。会社法では、取締役・会計参与・監査役・会計監査人の役員等の選任・解任などについては、人数に関わらず1個の議案とみなすと定めています。また、定款の変更に関する2個以上の議案で、違う議決がなされると矛盾する可能性がある場合も、1個の議案とみなすという定めです《法305条4項一号～四号》。

議決権行使は代理人も可、書面や電磁的方法による行使も可

❖ 株主総会に出席できない場合は代理人

　株主総会で決議に参加することは、株主にとって重要な意味を持ちます。代表的な株主権の1つ、議決権の行使だからです《法105条1項三号》。

　議決権の行使は、基本的に、**招集された株主総会に株主が出席して行い**ます。この場合、招集通知とともに送られてきた議決権行使書は、株主総会の入場券の役割を果たします。

　しかし会社法は、株主が出席できない場合のために、**代理人による議決権の行使も認めています**《法310条1項》。その場合には、代理人は代理権を証明する書類（委任状）を会社に提出しなければなりません。

　なお、株主総会の混乱を避けるため、会社が定款で代理人資格を株主に限定している場合があります。また同じ目的で、会社は株主総会に出席する代理人の数を制限することができます《法310条5項》。

❖ 郵送やインターネットでの行使ができる場合も

　株主の数が1,000人以上の会社などでは、**書面による議決権の行使も可**能です《法298条1項三号、2項》。書面による行使は、議決権行使書の決議事項に関する賛否の欄に記入して、事前に返送します。

　賛否の記入がない議決権行使書が返送された場合、会社はその取扱いを取締役会であらかじめ決めておくことができる決まりです《法298条1項五号、301条1項、法施行規則63条三号ニ、66条1項二号》。そのため、賛否の記入なしに返送すると、会社に一任することになります。

　さらに、会社の承諾を得てというただし書きつきですが、**電磁的方法による議決権の行使も可能**です《法312条1項》。

　一般的には、会社が議決権行使の専用サイトを開設し、議決権行使書に記載されたＵＲＬやＱＲコードからパソコン、スマホ、タブレットなどでアクセスして、賛否を入力します。

株主が議決権を行使する方法

株主総会における行使

株主

株主が議決権行使書を持ち
株主総会に出席して行使する ⟶ 議決権行使

代理人による行使

代理人

株主の代理人が委任状を持ち
株主総会に出席して行使する ⟶ 議決権行使

書面による行使

議決権行使書

株主が議決権行使書に賛否を記入し
返送して行使する ⟶ 議決権行使

電磁的方法による行使

スマホなど

パソコンやスマホなどで専用サイトに
アクセスするなどして行使する ⟶ 議決権行使

CHECK! 議決権行使書の閲覧は制限されている

株主総会が提出した議決権行使書(会社法では「議決権行使書面」)は3ヵ月間、本店に備え置かれ、株主は閲覧、コピー(謄写)の請求ができます《法311条3項〜4項》。しかし議決権行使書には、株主の住所氏名などの個人情報も記載され、株主の誰でも閲覧できると濫用のおそれも否定できません。そこで2019年の会社法改正では、閲覧・謄写の請求の理由を明らかにすること、議決権行使の調査以外などの目的では請求を拒めることが明記されています《法311条4項〜5項》。

原則として過半数で可決、重要議案は3分の2以上も

◆ 普通決議は過半数、特別決議は3分の2以上

　株主総会の決議は、**過半数が原則**です。議決権の過半数を有する株主が出席し（書面、電磁的方法による議決権行使も含む）、**出席株主の議決権の過半数で決議**されます《法309条1項》。

　しかし、自己株式の取得や定款の変更、事業譲渡といった重要な決議については、議決権の過半数を有する株主が出席し、**出席株主の議決権の3分の2以上の多数決が必要**です《法309条2項》。

　会社法には、以上のような決議の用語が出てきませんが、一般に**過半数の決議を普通決議、3分の2以上を要する決議を特別決議**と呼んでいます。

　特別決議を要する決議は条文に列記されていますが《法309条2項一号〜十二号》、一部をあげてみると右図のようなものです。

　このほか、より重大な事項については、同じ3分の2以上でも株主の頭数の過半数の出席を要する決議《法309条3項》、4分の3以上の多数決を要する決議《法309条4項》があり、特殊決議と呼ばれています。

◆ 決議の取消し、無効などの訴えも可能

　招集手続きや決議の方法などが、法令や定款に違反したり、著しく不公正であったり、決議内容が定款に違反したり、特別利害関係人によって不当な決議がされたときは、株主や取締役などは**3ヵ月以内に決議取消しの訴えを裁判所に起こす**ことができます《法831条1項一号〜三号》。

　また、決議の内容が法令に違反する場合には、決議はそもそも無効です。誰でも、訴えによらなくても無効を主張できますが、決議無効の確認の訴えを起こすこともできます《法830条2項》。

　さらに、実際には総会が開かれていなかった場合などは、決議不存在の確認の訴えを起こすことも可能です《法830条1項》。

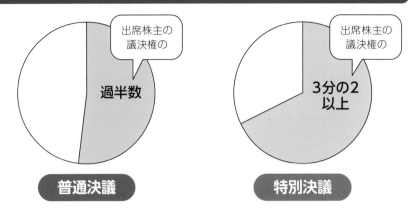

株主総会の普通決議と特別決議の違い

出席株主の議決権の

過半数

普通決議

出席株主の議決権の

3分の2以上

特別決議

● **株主総会の特別決議事項（例）**

- 譲渡制限株式の買取り《法140条2項》
- 特定の株主からの自己株式の取得《法156条1項、160条1項》
- 株式の併合《法180条2項》
- 定款の変更《法466条》
- 事業譲渡の承認《法467条》
- 解散《法471条三号》
- 吸収合併契約・吸収分割契約・株式交換契約の承認《法783条1項、795条1項》
- 新設合併契約・新設分割契約・株式移転契約の承認《法804条1項》

CHECK! **決議の定足数は定款で変えられる**

会社法は、決議の定足数の原則を定めていますが、普通決議については「定款に定めがある場合を除き」と、定足数を定款で定めることを認めています《法309条1項》。普通決議では、定款で定足数の定めをなくすこともできるわけです。特別決議については、定款で定足数を3分の1以上の割合に引き下げることができ、一方で決議に必要な議決権の数は、3分の2以上に引き上げることが認められています《法309条2項》。特別決議の要件を、より厳しくすることも可能なわけです。

MEMO **定足数**：一般に、会議の議事や議決が成立するのに必要な最小限の出席数。会社法は定足数という用語を使っていないが、普通決議と特別決議には原則として議決権の過半数の出席を求めている。

コラム

総会屋対策で会社法が定めていること

● 株主の立場を悪用する総会屋とは

　本文で見たように、株主は株主総会に出席して、株主提案権などを行使することが可能です（☞P.106参照）。これを悪用して、**会社から金品を脅し取ろうとする犯罪者**がいます。あらかじめ会社の株式を取得して株主になり、株主総会の前になると金品を要求して、会社が要求に応じなければ、株主総会を妨害して混乱させると脅すわけです。このような犯罪者を「総会屋」と呼びます。

　かつてはこれを逆用して、金品を支払い、一般の株主の発言を抑えて株主総会の議事進行に協力させていた会社もありました。

● 特定の株主に対する利益供与は禁止

　会社法は、こうした総会屋の暗躍を防ぐために、いろいろな定めを設けています。

　最も基本的なのは、**特定の株主に対する利益供与の禁止**です。会社は、「何人に対しても」株主の権利行使に関して、財産上の利益を供与してはなりません《**法120条1項**》。

　「特定の株主に対して無償で財産上の利益の供与をしたとき」は、それだけで株主の権利行使に関して、財産上の利益の供与をしたものと推定されます。有償の場合でも、会社が受けた利益が著しく少なければ同様です《**2項**》。

　利益の供与を受けた者は、会社に返還しなければなりません《**3項**》。利益供与に関与した取締役や執行役も、原則として、連帯して利益相当額を会社に支払う義務を負います《**4項**》。

　この義務の免除には、総株主の同意が必要という厳しい定めです《**5項**》。

　このような定めの効果もあって、近年は、総会屋が株主総会を混乱させたというニュースに接することも少なくなりました。

第 5 章

役員
のルール

取締役などの権限や責任

取締役、会計参与、監査役、執行役を役員と呼ぶ

❖ 会社法では取締役、会計参与、監査役が役員

この章では、会社の経営者である役員の職務や権限、責任などについて見ていきます。

一般の会社内で「役員」といったときは、取締役や監査役、執行役員制度がある会社では執行役員までを含めて、役員と呼んでいることが多いでしょう。

会社法では、役員という用語を明確に定義しています。「取締役、会計参与及び監査役をいう」というものです《法329条1項》。

❖ 会社法施行規則などでは執行役も含める

また、会社法施行規則では、取締役・会計参与・監査役に加えて執行役を「会社役員」と定義しています《法施行規則2条3項四号》。

指名委員会設置会社における、執行役（⇨P.54参照）が加えられているわけです。

さらに、会社計算規則でも役員は「**取締役、会計参与、監査役または執行役**」とされています《計算規則112条2項二号》。

ですから、会社法で定義する取締役・会計参与・監査役に、執行役までを含めた範囲が役員と考えてよいでしょう。

もちろん、代表取締役・代表執行役はそれぞれ取締役、執行役のうちですから、役員になります。

一方、執行役員は、会社法でいう役員にはなりません。日本の執行役員制度には法的な裏づけがないので、あくまでも、取締役会などに委任された使用人という位置づけになります（⇨P.146参照）。

それでは次項から、役員のいろいろな責任などを具体的に見ていくことにしましょう。

どこまでが役員か

会社法の定義	役員とは　**取締役、会計参与、監査役**
会社法施行規則の定義	会社役員とは　**取締役、会計参与、監査役、執行役**
会社計算規則の定義	役員とは　**取締役、会計参与、監査役、執行役**

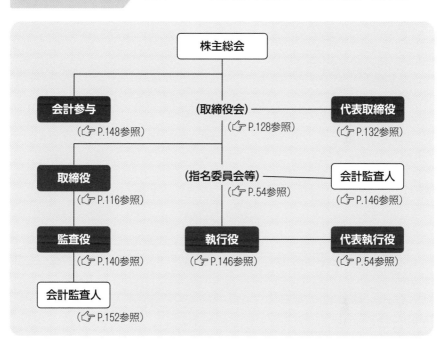

```
                    株主総会
        ┌──────────┼──────────┐
      会計参与      (取締役会) ────────── 代表取締役
   (⤷ P.148参照)   (⤷ P.128参照)        (⤷ P.132参照)

      取締役       (指名委員会等) ──────── 会計監査人
   (⤷ P.116参照)   (⤷ P.54参照)         (⤷ P.146参照)

      監査役         執行役 ──────────── 代表執行役
   (⤷ P.140参照)   (⤷ P.146参照)        (⤷ P.54参照)

     会計監査人
   (⤷ P.152参照)
```

CHECK! 「社外役員」「役員等」の用語も知っておく

会社法施行規則には「社外役員」も定義されています《法施行規則2条3項五号》。これはいうまでもなく、会社法でいうところの社外取締役と社外監査役のことです。会社法では、社外取締役と社外監査役に分けて規定されています（⤷ P.142、P.144参照）。なお、会社法では「役員等」という用語も登場しますが、こちらは取締役・会計参与・監査役・執行役に会計監査人を加えたものです《法423条1項》。主に「役員等の損害賠償責任」などの定めで使われます。

取締役は株主総会の 普通決議で選任・解任される

❖ 取締役の選任・解任は原則として普通決議

　役員の中で唯一、どの株式会社にも設置が義務づけられているのが、取締役です。

　この取締役の選任は、同じく唯一、**株式会社に設置が義務づけられている機関である、株主総会が行います**《法329条1項》。この決議は、議決権を有する株主の過半数が出席し、出席した株主の議決権の過半数を必要とする、普通決議です。ただし、定款で定足数を排除できず、3分の1未満にすることはできません。

　また、**解任も同様に株主総会が決議**します。「いつでも」《法339条1項》解任できるという決まりです。ただし、解任に正当な理由がない場合、解任された取締役は、解任による損害賠償を請求できます《法339条2項》。

　取締役の解任も、（定足数を3分の1未満にできませんが）普通決議です《法341条》。ただし、監査等委員である取締役の解任には、特別決議が必要になります《法309条2項七号》。選任する取締役の人数は、取締役会を設置しない会社では定めがないので、1人でもかまいません。取締役会設置会社では、3人以上という定めがあります《法331条5項》。

❖ 取締役の任期は1年〜10年

　選任された**取締役の任期は、原則として2年**です。正確には「選任後2年以内に終了する事業年度のうち最終のものに関する定時株主総会の終結の時まで」となります（右図参照）。ただし、公開会社以外の会社では、**定款で10年まで伸ばすことが可能**です。

　一方、指名委員会等設置会社の取締役と、監査等委員会設置会社の監査等委員以外の任期は原則1年になります。

　監査等委員以外の取締役の任期は、定款か、株主総会の決議で短縮することも可能です（以上はすべて《法332条1項〜6項》）。

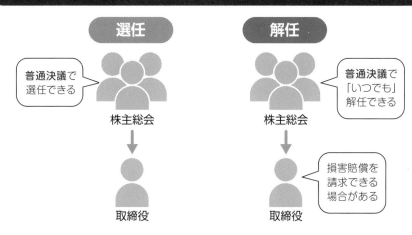

取締役の選任・解任と任期

選任

普通決議で
選任できる

株主総会

↓

取締役

解任

普通決議で
「いつでも」
解任できる

株主総会

↓

取締役

損害賠償を
請求できる
場合がある

● 取締役の任期の数え方

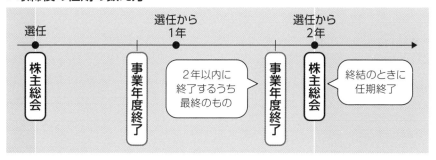

選任

選任から
1年

選任から
2年

株主総会

事業年度終了

2年以内に
終了するうち
最終のもの

事業年度終了

株主総会

終結のときに
任期終了

● 取締役の任期 （まとめ）

取締役		公開会社	公開会社以外の会社	任期の短縮
下記以外の取締役		2年	2 ～ 10年	定款または株主総会決議で短縮可能
指名委員会等設置会社の取締役		1年		
監査等委員会設置会社	監査等委員である取締役	2年		短縮不可
	監査等委員でない取締役	1年		定款または株主総会決議で短縮可能

取締役は株主総会の決議事項以外の意思決定を行う

❖ 取締役は業務の執行について意思決定する

取締役の職務は、株主総会の決議事項（⤷P.98参照）以外の**業務執行について、意思決定を行う**ことです。

取締役が2人以上いるときは、過半数で決定を行います**《法348条2項》**。取締役会を設置している場合は、取締役会の一員として意思決定に参加するわけです（⤷P.128参照）。

その取締役が会社を代表するかどうかは、**代表取締役を置くか否か**で変わります。代表取締役を置かない会社では、取締役が2人以上いても各自が会社を代表する決まりです**《法349条1項》**。代表取締役を定めた場合は、代表取締役のみが会社を代表します**《法349条1項》**。

❖ 取締役になれない欠格事由がある

以上のような職務を行う取締役には、必要な資格があるのでしょうか。

会社法331条の見出しには「取締役の資格等」とあり、公開会社でない会社は定款で、取締役を株主に限定できるとしています**《法331条2項》**。

また、「次に掲げる者は、取締役になることができない」として、あげられているのが、次のような欠格事由です**《1項一号～四号》**。

第1に、**法人は取締役になれません**。会社が会社として、他の会社の取締役になるようなことはできないわけです。

第2に、会社法、金融商品取引法など、**会社経営に関する法律に違反して刑に処せられ、執行終了後2年を経過していない**などの者がなれません。

第3に、その他の法律の違反者も不可の場合があります（右図参照）。

なお、破産した人も取締役になれますが、取締役の地位は民法上の委任契約にあたります。民法は、委任の終了事由の1つとして「破産手続開始の決定を受けたこと」をあげているので**《民法653条二号》**、取締役である人が破産手続開始決定を受けると、取締役の地位を失います。

MEMO **欠格事由**：一般に、要求されている資格を欠くことを「欠格」といい、欠格となる事柄を欠格事由という。ただし会社法では、欠格事由という用語を使用していない。

取締役の職務と欠格事由

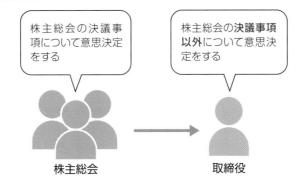

株主総会の決議事項について意思決定をする

株主総会の**決議事項以外**について意思決定をする

株主総会　　　　　　　　取締役

● 取締役の欠格事由（まとめ）

- 法人（自然人のみが取締役になれる）

- 会社法、一般社団法人法、金融商品取引法、破産法、民事再生法など、会社経営に関する法律に違反して刑に処せられ、執行の終了、または執行猶予期間の終了等から2年を経過していないなどの者

- 会社経営に関する法律以外の法令に違反して、禁固以上の刑に処せられ、刑期が終わっていないなどの者

CHECK! 成年後見人がいても取締役になれるか

2019年の会社法改正で、それまで取締役の欠格事由にあった成年被後見人、被保佐人が削除され、これらの方々も取締役になれることになりました。成年被後見人とは、認知症などの影響で判断能力が低下し、財産を保護するために家庭裁判所の審判で成年後見人が選任された人。被保佐人とは、成年被後見人ほどではないものの判断能力が不十分なために、成年後見制度のもとで保佐人が選任された人のことです。成年後見制度の促進と、個人の意思尊重を目的として、改正されました。ただし、民法の委任の終了事由の1つには「後見開始の審判を受けたこと」とあるので《民法653条三号》、取締役である人が成年被後見人になると、取締役を続けることができなくなるので、退任の後、再任が必要です。成年被後見人が取締役になるのは、会社法では認められているものの、民法では取締役と認められないというのが現状です。

取締役の報酬・賞与その他は 株主総会などで決める

◆ 定款で定めるか、株主総会の決議による

　従業員の給与には会社が定めた賃金規程などがあり、支払額などはある程度、明確です。しかし、取締役自身や取締役会が自ら取締役の報酬を決めると、いわゆるお手盛りになってしまいます。

　そこで会社法は、「取締役の報酬、賞与その他の職務執行の対価として株式会社から受ける財産上の利益」（報酬等）の決め方についても定めています。定款で定めるか、定めていないときは株主総会の決議によるというものです《法361条1項》。

　金額が確定しているものについてはその額を、業績連動型賞与など金額が確定していないものについては、具体的な算定方法を定めなければなりません《1項一号～二号》。

◆ 取締役個人別の報酬等の決め方は

　しかし、ここで会社法が求めているのは、取締役の報酬等の総額や総額の算定方法であって、個人別の取締役の報酬等の額までは、株主総会などで決める必要はありません。

　そのため、株主総会などの委任を受けてはいるものの、実際の個人別の取締役の報酬等は、指名委員会等設置会社を除けば、取締役会や代表取締役が決めていることが多く、不透明だと指摘されていたのです。

　そこで、2019年の改正では、監査役会設置会社である上場会社と、監査等委員会設置会社では、個人別の取締役の報酬等について「決定に関する方針」を、取締役会が定めなければならないとしています《法361条7項》。

　決定方針の具体的な事項は、会社法施行規則で定められ、右図のように具体的なものです《施行規則98条の5》。

　なお、2019年の改正では同時に、いわゆるストック・オプションで株式を報酬等とする場合などの定めも加えられました（☞右ページ参照）。

MEMO　**ストック・オプション：**取締役や従業員に対して、あらかじめ定めた金額で会社の株式を取得できる権利。企業業績が上がり、株価が上がるとその差額を得られる。

取締役の報酬等の決め方

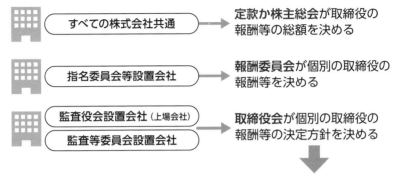

すべての株式会社共通	**定款か株主総会**が取締役の報酬等の総額を決める
指名委員会等設置会社	**報酬委員会**が個別の取締役の報酬等を決める
監査役会設置会社（上場会社） 監査等委員会設置会社	**取締役会**が個別の取締役の報酬等の決定方針を決める

● **取締役会が定めなければならない決定方針の事項** (法施行規則98条の5)

定める事項	具体的な内容	条文の号
報酬の種類ごとに定める事項	業績に連動しない金銭報酬の個人別の額または算定方法	一号
	業績連動報酬等がある場合は業績指標、報酬の額・数の算定方法	二号
	非金銭報酬（ストック・オプション）がある場合は非金銭報酬の内容、報酬の額・数または算定方法	三号
報酬全体について定める事項	報酬等の種類ごとの額の個人別の額に対する割合	四号
	報酬等を与える時期または条件	五号
個別の報酬の内容決定方法	決定の全部または一部を取締役など第三者に委任する場合の事項	六号
	第三者への委任以外の決定方法	七号
その他	その他重要な事項	八号

CHECK! 株式を取締役の報酬にする場合のルール

ストック・オプションなど、株式を取締役の報酬とする場合の定めは、従来、明確でない部分がありました。そこで2019年の改正では、取締役の報酬として株式を与える際のルールが加えられています。第1に、株主総会の決議事項として、金銭報酬と同様、与えることができる株式等の上限が加わりました《法361条1項三号》。第2に、上場会社が取締役の報酬として株式を与えるときは、出資を必要としないこととしました《法202条の2》。株式を、取締役の職務執行の対価にできることが明確になったわけです。

MEMO **新株予約権とストック・オプション：**ストック・オプションは取締役や従業員など社内の人間に対するもので、新株予約権は投資家など社外の人間も含まれる。

取締役には善管注意義務と忠実義務がある

❖ 善管注意義務、忠実義務が基本

取締役の義務と責任はいくつかありますが、基本になるのは、**善管注意義務と忠実義務**です。

役員等の善管注意義務については直接、会社法に定めがなく、「委任に関する規定に従う」という定めがあります《**法330条**》。そして民法で、委任を受けた者（受任者）は「善良な管理者の注意をもって」業務にあたる義務がある、というように定めているわけです《**民法644条**》。

これが、略して「善管注意義務」と呼ばれる義務です。**社会的な立場から、一般的に要求される注意義務**とされています。

一方、忠実義務は、会社法に直接、「**株式会社のために忠実に**」職務を行うと定められているものです《**法355条**》。

❖ 個別の義務には損害賠償責任も

以上の2つの義務を基本として、具体的な個別の義務も会社法で定められています。代表的なのは、取締役会などの承認なしに競業取引（会社の事業と競合する取引）を行うことの制限や、利益相反取引（会社の利益と相反する取引）の制限などとなります。

これらの義務の中には、違反した場合に、**会社に対し、損害賠償責任を負う可能性がある行為**があります。右表にあげたようなもので、原則として損害賠償額もそれぞれ表のとおりです。

例えば、取締役の任務を怠る行為は「任務懈怠責任」と呼ばれ、役員等が任務を怠ったときは、会社に対して損害を賠償する責任を負うと、条文に明記されています《**法423条1項**》。

また例えば、剰余金の分配には上限規制がありますが（⇨P.68参照）、これを超えて配当を行った場合は、それを行った取締役と、その議案を提案した取締役が、超えた額の支払義務を負う決まりです《**法462条**》。

善管注意義務、忠実義務、その他の義務

● **善管注意義務と忠実義務を定めた法律**

「株式会社と役員及び会計監査人との関係は、委任に関する規定に従う」《法330条》

↓

「善良な管理者の注意をもって、委任事務を処理する義務を負う」《民法644条》 → **善管注意義務**

「取締役は、法令及び定款並びに株主総会の決議を遵守し、株式会社のため忠実にその職務を行わなければならない」《法355条》 → **忠実義務**

● **損害賠償責任を負う可能性がある行為（まとめ）**

行為の内容	条名	賠償額
取締役の任務を怠る	法423条1項	会社に与えた損害の額
競業取引を行う	法423条2項	取締役などが得た利益の額
利益相反取引を行う	法423条3項	会社に与えた損害の額
特定の株主に利益供与を行う	法120条4項	利益供与をした額
分配可能額を超える配当を行う	法462条1項	違法に配当した額
出資の履行が適法に行われない	法213条1項	出資履行の不足額

CHECK! 損害賠償責任を免除されることがある

取締役が会社に対して損害賠償責任を負う場合でも、一定の要件を満たすと、責任の全部または一部が免除される場合があります。全部の免除には、原則として総株主の同意が必要です《法424条》。例外として、取締役の行為が善意で重大な過失がないときは、株主総会の特別決議（議決権の3分の2以上）などで、一部の免除が認められます《法425条〜427条》。なお、会社が取締役の損害賠償責任を追及しない場合、一定の要件を満たせば株主が訴訟を提起することが可能です（株主代表訴訟⇨P.152参照）。

第三者に対する責任も生じる
悪意または重過失とは

◆ 弁護士費用や損害賠償を補償する契約や保険がある

　会社に対する損害賠償責任だけでなく、取締役も含めた役員等は、損害を受けた株主などの第三者から損害賠償請求を受けるケースがあります（⇨P.124参照）。その場合、役員等に「悪意又は重大な過失」があれば、役員等は第三者に損害を賠償する責任を負う定めです《法429条1項》。

　役員は、業務執行にあたって大きなリスクを負うわけで、積極的な業務執行を避けたり、なかには役員就任そのものを拒む人も出てくるでしょう。

　そこで、ある程度、安心して役員に就任し、リスクをとって積極的に業務にあたれるように、会社と役員が契約を結ぶことがあります。

　訴訟で責任を問われた場合の弁護士費用など、いわゆる防御費用や、会社以外の第三者から請求された損害賠償を、会社が役員に支払うという契約です。これを「補償契約」といいます。

　また、補償契約に代わって、防御費用などを保険金として支払う「D＆O保険」もあります。これらについては次項で詳しく見ます。

◆ 悪意とは、重過失とは

　では、第三者に対する損害賠償責任について、要件の1つとなっている「悪意又は重大な過失（重過失）」とは、どういうことでしょうか。

　悪意とは、役員等が自分のしていることを、任務懈怠行為にあたると認識していることをいいます。違反行為とわかっていながら、行っている状態です。一方、重過失は、著しい不注意によって任務懈怠行為を行った場合をいいます。何も考えずに業務を行って、結果、第三者の損害を発生させた場合です。

　このようなケースの損害賠償請求として多いものに、倒産した会社の債権者が、会社の取締役の責任を追及して債権回収をはかる例があります。訴訟で争われたことがあるのは、例えば右ページのようなケースです。

補償契約と第三者責任

● 補償契約のしくみ

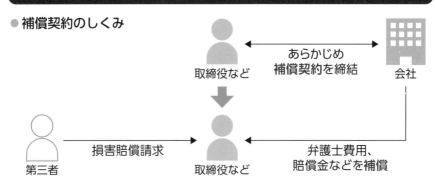

● 第三者損害賠償責任が争われたケース

ケース①

代表取締役が、会社の財政状態悪化により、手形を振り出しても決済できないことを知りながら、振り出して仕入れを行い、仕入先に手形金額の損害を与えた。

ケース②

取締役が、銀行融資を断られ、資金繰りのために高利の金融を利用して会社の負債を急増させ、倒産させて債権者の債権回収を不可能にした。

ケース③

取締役と従業員が、詐欺的な投資勧誘を行って出資させ、配当や払戻しに応じない。

CHECK! 第三者に対する損害賠償責任が問われる要件

法429条1項には、「悪意又は重大な過失」があった場合のほか、「役員等がその職務を行うについて」という要件と、「これによって第三者に生じた損害」という要件があげられています。つまり、役員等が職務を行うに際して、任務懈怠行為があり、その任務懈怠行為は悪意または重過失によって行われ、その結果として第三者に生じた損害について、第三者の損害賠償請求が認められるということです。

役員の株主代表訴訟などの費用を会社が支払う契約とは

❖ 補償契約に関する会社法の定め

　補償契約は、役員等と会社の双方にメリットがある契約ですが、じつは**利益相反取引になる可能性があります**。会社に損害を与えたかもしれない役員に対して訴訟の防御費用などを会社が負担することになるからです。

　そこで、2021年３月施行の会社法改正では、会社と役員等が補償契約を締結する際の手続きや、補償する範囲について、新たに定められました。

　補償契約を締結するには、**取締役会（取締役会非設置会社では株主総会）で決議**しなければなりません《法430条の２　１項》。

　また、防御費用は**通常要する額を超える部分**について、損害賠償については役員等が悪意または重大な過失で損害を与えた場合に、**補償契約があっても補償はできません**《法430条の２　２項》。

　さらに、補償契約にもとづき補償の支払いを行った場合、補償を行った取締役と、受けた取締役は、**遅滞なく取締役会に報告する**必要があります《法430条の２　４項》。

❖ Ｄ＆Ｏ保険に関する会社法の定め

　補償契約と同じ目的で、防御費用や損害賠償を保険金として支払う、民間の保険もあります。**「役員等賠償責任保険」**、略して**「Ｄ＆Ｏ保険」**と呼ばれるものです。Ｄ＆Ｏは「Directors & Officers」の略ですから、まさに取締役と執行役のための保険といえます。

　しかし、Ｄ＆Ｏ保険は保険料を会社が支払うので、やはり利益相反取引のおそれがなくはありません。

　そこで会社法は、補償契約に関する改正と同時に、このＤ＆Ｏ保険についても、新たな定めを設けています。Ｄ＆Ｏ保険の内容を決定するには、**取締役会（取締役会非設置会社では株主総会）で決議**しなければなりません《法430条の３　１項》。

D&O保険と利益相反取引

● D&O保険のしくみ

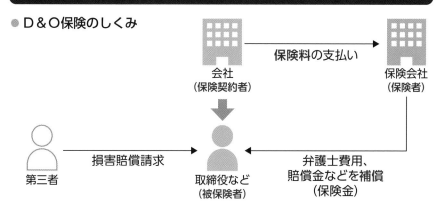

保険料の支払い

会社
（保険契約者）

保険会社
（保険者）

第三者

損害賠償請求

取締役など
（被保険者）

弁護士費用、
賠償金などを補償
（保険金）

● 利益相反取引にならない補償契約

- 補償契約の締結を取締役会で決議している
- 通常要する額を超える防御費用の補償を行っていない
- 役員等が悪意または重大な過失により損害を与えていない

● 利益相反取引にならないD＆O保険

- D＆O保険の内容を取締役会で決議している

- これらの契約、保険は利益相反取引とされず、
  会社に対する利益相反取引の損害賠償責任も生じない

CHECK! もしも利益相反取引になっていたら

上図のような手続きを踏み、条件を満たした場合は、補償契約を締結して補償を行っても、利益相反に問われることはありません《法430条の2　6項、7項》。D＆O保険も、取締役会の決議などがあれば利益相反取引とされずに済みます《法430条の3　2項、3項》。もしも利益相反取引とされていたら、会社に与えた損害の額を賠償する責任が生じますから（⇨P.122参照）、役員等は補償を受けた額をそのまま賠償しなければならなかったはずです。

取締役会にしかできない決議事項がある

❖ 法362条は「取締役会の権限等」

　取締役会は、取締役が集まるただの会議ではありません。会社法に定められた会社の機関の1つで、そもそも公開会社などでは取締役会の設置が義務です。

　取締役会を設置した会社では、**取締役会に重要な権限が与えられます。**「取締役会の権限等」として、右上の一覧のような決議事項を列挙しているのが、法362条です。

　これらと、その他の重要な業務執行の決定は、代表取締役などに委任することができず、取締役会が決定しなければなりません《法362条4項》。

　また、362条以外でも、右下の一覧のような、取締役会が決定する決議事項があります。

❖ 委員会設置会社などの取締役会は

　ただし、取締役が多数（6人以上）いて、1人以上が社外取締役の場合は、迅速な意思決定のために、3人以上の**特別取締役を選任する**ことができます《法373条1項》。特別取締役は、重要な財産の処分・譲渡や、多額の借財を過半数で決定することが可能です。

　また、委員会を置く会社では、取締役会の決議などで**業務執行の決定の一部を委任する**ことができます。委任できる相手は、指名委員会等設置会社では執行役に、監査等委員会設置会社では過半数が社外取締役であることを条件に、取締役にです《法416条4項、399条の13　5項》。

　さらに、指名委員会等設置会社では、取締役会が各委員会の委員を取締役の中から選任し、解職もできます《法400条2項、401条1項》。執行役の選任・解任も取締役会の権限です《法402条2項、403条1項》。

　このように、会社の機関設計にもよりますが、取締役会には大きな権限が与えられています。

取締役会の権限

● 法362条4項で定める取締役会の権限

- 重要な財産の処分・譲受け
- 多額の借財
- 支配人その他重要な使用人の選任・解任
- 支店その他重要な組織の設置・変更・廃止
- 社債の金額その他社債を引き受ける者の募集に関する重要な事項として会社法施行規則で定める事項
- 内部統制システム（⇒P.160参照）の整備などに必要なものとして施行規則で定める体制の整備
- 定款の定めにもとづく役員等の会社に対する責任の免除の決定

● 法362条以外で定める取締役会の決議が必要な事項（例）

- 自己株式の取得株数、価格等の決定《法157条》
- 株式の分割《法183条2項》
- 株式無償割当てに関する事項の決定（定款に定めがある場合を除く）《法186条》
- 公開会社の新株発行の募集事項の決定《法201～202条》
- 1に満たない端数の株式の処理に関する事項《法234条5項》
- 公開会社の新株予約権の募集事項の決定《法238条、240条、241条》
- 株主総会の招集の決定《法298条4項》
- 取締役の競業取引、利益相反取引の承認《法365条1項》
- 計算書類・事業報告書・附属明細書の承認《法436条3項》

CHECK! 取締役会の招集は

各取締役が誰でも招集できるのが原則ですが、代表取締役が招集するなど、招集権者を定款または取締役会で決めることもできます《法366条1項》。その場合でも、各取締役は招集権者に取締役会の招集を請求することが可能です《2項》。5日以内に、2週間以内の日を取締役会の日とする招集通知が発せられない場合は、請求をした取締役が招集できます《3項》。また、監査役設置会社、委員会設置会社以外の会社では、取締役が法令や定款に違反するか、違反するおそれがある場合、株主が招集を請求できることになっています《法367条1項》。

MEMO **支配人**：会社の重要な業務を執行する者で、取締役会などで選任される。一般的には取締役に準じた責任を持つ者。

取締役会を設置すると会社の何が変わるのか

❖ 取締役会を設置するメリット

　取締役会は、公開会社以外のどのような会社でも、定款に定めることによって設置することができます《法326条2項》。設置の義務がない会社が取締役会を置くと、どんなメリットがあるでしょうか。

　最も大きなメリットは、前項で見たような事項について株主総会を開く必要がなくなるので、**迅速な意思決定・経営判断が可能になる**ことです。

　また、3人以上の取締役を置いて決議を行うので、**特定の取締役の専断で業務を進めることも防げます**。

　対外的には、取締役会を置いた会社のほうが社会的評価が高いので、**信用が高まることが期待できる**のもメリットです。将来的に公開会社にし、外部の投資家や他社と資本提携をするなど資本を受け入れたり、上場をめざしているなら、その仕事への移行がスムーズになることも期待できます。

❖ 取締役会を置くデメリットもある

　一方、デメリットとしては、取締役会による迅速な意思決定の反面、**株主の決定できる事項が制限されます**。前項で見たような事項は、すべて取締役会の権限です。

　また、**役員の数と、それにともなう役員報酬の増加**も無視できません。3人以上の取締役を選任しなければならないし、監査役または監査役会か、委員会を設置することも必要です。代表取締役も、選任しなければなりません（⇨P.62参照）。機関設計が複雑になる分、役員報酬が総額として大きく増えることは避けられないでしょう。

　さらに、**株主総会に関する事務も増えます**。招集通知は原則として書面によりますし、総会資料も書面による交付が原則です（⇨P.100参照）。非設置会社では、口頭による招集も可能で、総会資料の交付も不要なのと比べると、事務量の大きな差になります（⇨P.102参照）。

MEMO **資本提携：** 複数の企業がそれぞれの強みをさらに伸ばすために提携するときに、相手企業の株式を買い入れるなどで協力関係を強めること。

取締役会設置のメリットとデメリット

取締役会設置のメリット

- 迅速な意思決定が可能になる
- 特定の取締役の専断が防止できる
- 会社の対外的な信用が高まる
- 公開会社への移行がスムーズになる

取締役会設置のデメリット

- 株主の権限が非設置会社より制限される
- 必要な役員の数、役員報酬が増える
- 株主総会の招集手続きが厳格になる
- 株主総会資料の作成・交付が厳格になる

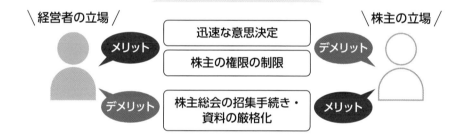

経営者の立場

メリット　迅速な意思決定　デメリット

株主の権限の制限

デメリット　株主総会の招集手続き・資料の厳格化　メリット

株主の立場

CHECK! 結局、取締役会を設置するか、しないか

取締役会を設置するか、しないかは、株主の数や経営者の立場と、会社を将来どうしたいかによるでしょう。株主の数が少なければ、株主総会でも迅速な意思決定ができるため、取締役会は不要でしょう。経営者の立場からは、迅速な意思決定はメリットですが、経営に参画したいと考えている株主の立場では、権限が制限されるのがデメリットです（上図参照）。とくに、取締役会設置会社では株主提案権なども制限されます（⇨P.106参照）。また、将来、公開会社や上場をめざすなら、いまのうちから取締役会を設置しておくのは意味があることです。しかし、そうでないなら、役員と役員報酬の増大や、株主総会の招集手続きの煩雑さが大きなデメリットになります。

代表取締役は取締役会や
株主総会などで選定される

❖ 取締役会設置会社では取締役会で選定する

　取締役会を設置した会社では、**代表取締役の選定が必須**です《**法362条3項**》。会社法の条文には「取締役の中から」とあるので、取締役でない人を選定することはできません。

　取締役でない人を代表取締役に選定したい場合は、まず**株主総会で取締役に選定し、それから取締役会で選定する**必要があります。

　また、取締役会設置会社でも定款で定めれば、株主総会で代表取締役を選定することが可能です《**法295条2項**》。ただし、定款で株主総会の決議で定めるとしていても、取締役会でも代表取締役を選定できるとされています。取締役会の決議事項を制限することはできないわけです。

❖ 取締役会非設置会社での選定の仕方は

　取締役会を設置しない会社では1人の取締役か、取締役が2人以上いる場合は、各自が会社を代表するのが基本です《**法349条1項、2項**》。

　しかし、任意で代表取締役を定めることもできます。任意で定める場合は、定款に定めるか、定款で取締役の互選によると定めるか、または株主総会の決議で定めることが可能です。この場合も、代表取締役は「取締役の中から」選ばなければなりません《**法349条3項**》。

　定款で直接、代表取締役を定める場合、**代表取締役を変更するつど定款の変更が必要**になります。定款の変更には、株主総会の特別決議が必要です（⇨P.110参照）。

　定款に取締役の互選と定めがある場合は、そのつどの株主総会決議は必要ありません。ただし、互選の定めがない会社で、新たに互選と定款で定める場合は定款の変更になり、やはり株主総会の決議が必要です。

　取締役会非設置会社で、定款に代表取締役の定めか、取締役の互選による定めがない場合は、株主総会で決議することになります。

代表取締役を選定する方法

● 取締役会設置会社の場合

① **取締役会** の決議で選定する ⟶ 代表取締役

 定款

②定款で定めて **株主総会** の決議で選定する ⟶ 代表取締役

（定款に定めがあっても取締役会の決議でも選定できる）

● 取締役会を設置しない会社の場合

 定款

① **定款** に定める ⟶ 代表取締役

 定款

②定款で **取締役の互選** と定めて選定する ⟶ 代表取締役

③ **株主総会** の決議で定める ⟶ 代表取締役

CHECK! 代表取締役の解職も取締役会や株主総会で

代表取締役の解職（解任）も、選定した取締役会や株主総会でできます。取締役会設置会社では取締役会で《法362条2項三号》、過半数の取締役の出席、その過半数の賛成で可能です《法369条1項》。その際、代表取締役は決議に参加することができません。また、取締役会非設置会社では定めたときと同じ方法で解職ができます。ただし、定款で代表取締役を定めた場合と、株主総会決議で代表取締役を定めた場合の解職は、同時に取締役としての地位も解任しなければなりません。

MEMO **解職と解任**：代表取締役の代表権を失わせて代表権のない平取締役にすることを解職、同時に取締役としての地位も失わせることを解任という。

代表取締役は代表権と業務執行権を有する

◆ 代表取締役には業務を執行する権限がある

代表取締役と聞くと、何でもひとりで決められそうな気がしますが、会社法のうえでは、代表取締役が決定できることはごく限られています。

会社としての意思決定は、株主総会と取締役会が行い、**代表取締役は決定されたことを執行する権限がある**というしくみです。

ただし例外的に、法362条4項に定められた重要な業務以外で、取締役会から委ねられた事項については、代表取締役が決定をし、執行することができます。つまり、**日常的な業務については代表取締役が決定し、執行する権限がある**わけです。

業務を執行する権限については、業務に関する裁判や、裁判以外の一切の行為をする権限を有するというのが会社法の定めです《**法349条4項**》。この代表取締役の権限には、大きく分けて社外に対する権限と、社内に対する権限があります。

◆ 社外に対する権限、社内に介する権限

代表取締役の社外に対する権限は、**会社を代表して契約その他の業務を行う権利**です。例えば、会社の契約は「○○株式会社　代表取締役○○○○」という名義で行われます。

社内に対する権限は、**業務執行取締役などを統括し、会社の業務が適切に行われるようにする権限**です。そのほか、右の一覧にあげたような社内外の業務の執行なども、代表取締役の権限とされています。

このような代表取締役の権限は、仮にその会社の社内で制限しても、そのことを知らない**善意の第三者には主張できません**《**法349条5項**》。

例えば、一定額以上の契約には取締役会の承認が必要という社内の定めがあり、代表取締役がそれに反して承認なしに契約を結んだとしても、それを知らないで契約した相手に対しては、契約は有効ということです。

善意の第三者：当事者間の特定の事情などを知らない第三者のこと。一般的な例としては、盗品と知らずに美術品などを購入した人が、窃盗犯の共犯者として罪に問われないことなどがあげられる。

代表取締役の権限とは

 代表取締役

社外に対する権限 → 会社を代表する

 社外

社内に対する権限

業務を執行する（業務命令を下す）

 社内

《法349条4項》

（株式会社の代表）
第349条
4 代表取締役は、株式会社の業務に関する一切の裁判上又は裁判外の行為をする権限を有する。

● その他の代表取締役の権限とされる社内外の業務（例）

- 株主総会、取締役会の議事録の備置き《法318条2項、371条1項》
- 定款、株主名簿の備置き《法31条1項、125条1項》
- 計算書類、事業報告およびこれらの附属明細書の作成および監査役、会計監査人などへの提出《法435条2項、436条1項、2項》
- 計算書類、事業報告およびこれらの附属明細書、監査報告などの備置き《法442条1項、2項》
- 計算書類および事業報告の株主総会への提出、貸借対照表もしくはその要旨の公告《法438条1項、440条1項、2項》

CHECK! 表見代表取締役が結んだ契約も有効

社内の制限に反して、代表取締役が結んだ契約などが有効とされるのは、取引の相手方を保護するためです。同じ目的で定められているものに、表見代表取締役があります。例えば、会社が代表権がない平取締役に、社長や副社長その他代表権があるように見える肩書を付けた場合です。会社法はこれを、表見代表取締役と呼んでいます。代表権がない表見代表取締役が結んだ契約などは本来、無効のはずです。しかし会社法は、善意の第三者に対して会社が責任を負うとしています《法354条》。指名委員会等設置会社の代表執行役についても、同様の定めがあります《法421条》。

135

取締役などが会社と同じ事業を行うことは制限される

❖ 競業取引には取締役会などの承認が必要

　代表取締役も含めて、取締役には株式会社のために忠実に、業務執行や意思決定を行うという忠実義務があります《法355条》（☞P.122参照）。

　その忠実義務の具体的、代表的なものの1つが、取締役の競業避止義務です。取締役が、会社と競合する事業を行い、取引をすることは制限されています。

　行う場合は、取締役会か、取締役会を設置しない会社では株主総会の承認を受けなければなりません《法356条1項一号、365条1項》。承認を受けずに取引を行い、会社に損害を与えた場合は、122ページでふれたように、取締役の任務を怠ったものとして任務懈怠責任を問われ、会社に対して損害賠償責任を負うことになります《法423条1項》。

❖ 承認が必要な競業取引とは

　では、どのような取引が、競業取引となるのでしょうか。条文には「株式会社の事業の部類に属する取引」とあり、これは会社が行っている取引と競合する取引を示しています。例えば、会社が販売している商品を、同じ地域で販売すれば、明らかな競業です。

　そのほか判例では、会社の商品と同じ原材料を購入する取引や、会社がその地域に進出する計画で市場調査を進めていた地域で、取締役が行った同じ種類の取引などが競業とされています。

　前述のように、競業とされると取締役は損害賠償責任を負うことになりますが、その損害の額も会社法に定められています。競業取引によって取締役が得た利益の額が、会社の損害額と推定されるという定めです《法423条2項》。

　指名委員会等設置会社の執行役についても、ほぼ同様の定めがあります《法419条2項、423条2項》。

MEMO **任務懈怠責任**：取締役としての任務を怠った責任という意味。会社法423条には、役員等が「その任務を怠ったときは、株式会社に対し」損害賠償責任を負うとある。

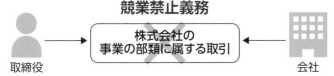

競業取引は制限される

競業禁止義務

取締役 → **株式会社の事業の部類に属する取引** ← 会社

例①
会社が販売している商品の原材料と同じ原材料を、取締役が購入する取引を行う

例②
会社が進出を計画して市場調査を行っていた地域で、取締役が同種の取引を行う

競業取引を行う場合

➡取締役会設置会社では取締役会、取締役会非設置会社では株主総会の承認を受ける《法356条1項一号、365条1項》

承認を受けない場合

➡取締役は、競業取引で会社が被った損害の賠償責任を負う《法423条1項》。損害額は取締役が得た利益額《2項》

CHECK! 取締役会などの承認を得るには

競業取引を行う取締役が、取締役会や株主総会の承認を得ようとする際には、「当該取引につき重要な事実を開示」しなければならないとされています《法356条1項》。重要な事実とは、取引先、目的物、数量、価格、取引の期間などです。また、取引を行った後、取締役会への報告義務もあります。「遅滞なく、当該取引についての重要な事実を」報告しなければならないという定めです《法365条2項》。事後の報告をしなかったり、虚偽の報告をすると、100万円以下の過料が課されます《法976条二十三号》。

MEMO **過料：**行政法規の義務違反に対して、比較的少額の金銭を徴収される罰則。行政法上のペナルティであって、刑法・刑事訴訟法上の刑罰ではない。罰金、科料は刑罰にあたる。

取締役などが利益のために
会社と取引を行うことは制限される

❖ 利益相反取引とはどのようなものか

　取締役などの忠実義務のもう1つ、具体的なものが、利益相反取引の制限です。利益相反取引とは、**会社の利益と、取締役自身や第三者の利益が相反する取引**のことです。

　例えば取締役が、自身と会社の間で会社の財産の売買取引を行うと、会社の利益を犠牲にして、自身の利益を増やすことが可能になってしまいます。

　そこで会社法は、取締役などが自分で会社と取引をしたりする場合に、競合取引（前項参照）と同様の制限を設けています。

　すなわち、取締役などが会社と利益相反取引を行う場合は、重要な事実を開示したうえで、**取締役会か、取締役会を設置しない会社では株主総会の承認**を受けなければなりません《**法356条1項二号、365条**》。

　また会社法は、取締役などと会社の直接の取引とは別のケースも規定しています。つまり、会社が第三者に取締役の債務を保証するなど、取締役以外の者との間で取締役との利益相反取引を行う場合です《**法356条1項三号**》。それぞれを、直接取引による利益相反、間接取引による利益相反といい、右図のようなケースが考えられます。

❖ 利益相反取引になる場合、ならない場合

　利益相反取引は、取締役などの個人の利益になるが、会社の不利益になる取引です。ですから、取締役が会社に資金を貸しつけて、利息をつけた場合は利益相反取引になります。しかし、無利息で貸しつけた場合は会社が不利益にならないので、利益相反取引になりません。

　その他、損害賠償責任を負う点《**法423条1項**》、承認を得た場合は事後の報告が必要な点《**法365条2項**》、執行役にも同様の制限がある点《**法419条2項、423条3項**》などは、前項の競合避止義務と同様です。

利益相反取引は制限される

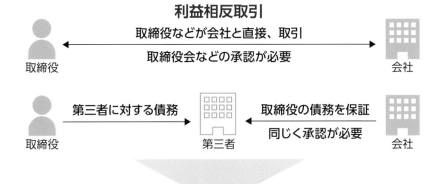

● 直接取引による利益相反（例）

- 取締役と会社が売買契約を締結する
- 取締役が会社から贈与を受ける
- 取締役が利息をつけて会社に資金を貸しつける
- 取締役が会社から債務免除を受ける
- 取締役が会社から約束手形の振出しを受ける

● 間接取引による利益相反（例）

- 取締役と第三者の間の債務を会社が保証する
- 取締役と第三者の間の債務を会社が引き受ける契約を結ぶ

CHECK!　利益相反取引は「推定」される

会社法423条は、取締役など役員等の会社に対する損害賠償責任について定めた部分ですが、1項で「その任務を怠ったときは」という前提がついています。利益相反取引が、任務を怠ったと、どうしていえるのでしょうか。それは、利益相反取引について定めた3項に答えがあります。3項は利益相反取引《法356条1項二号、三号、執行役への準用について定めた419条2項》によって会社が損害を受けたときは、取締役や執行役が「その任務を怠ったものと推定する」と定めているのです。任務を怠ったと推定されるので、役員等は損害賠償責任を負うわけです。

取締役などの監査に強い権限を持つ一方で取締役同様の責任もある

◆ 監査役は取締役会設置会社では必須の機関

　監査役は、取締役会を設置した会社で委員会を設置しない場合、一部を除き必須の機関です。一方、取締役会を設置しない会社でも、定款で定めて設置できます《法326条2項》。

　その職務は、**取締役（と会計参与を置く会社では会計参与）の職務の執行を監査し、監査報告を作成する**ことです《法381条1項》。監査の範囲は、取締役の業務の監査（業務監査）と、会計に関する監査（会計監査）を含むとされています。

　ただし、公開会社以外の株式会社では、定款で定めることにより、監査役の職務を「会計に関するもの」（会計監査）に限定できます《法389条1項》。

◆ 監査役の権限、義務、責任とは

　監査役は、権限と責任が厳格化されています。

　監査役が持つ権限と義務は、右ページのようなものです。とくに、取締役（と会計参与）と使用人（従業員）に対して**報告を求め、会社の業務と財産の状況を調査できる権限**は、「いつでも」と特記された強い権限になっています。この権限は、子会社に対しても同様です。

　その一方で、取締役会に出席して必要なら意見を述べること、株主総会の議案を調べて、法令や定款違反などがあれば株主総会に報告することなどは、監査役の義務です。

　こうした権限や義務がある反面、監査役は役員等（⇗P.114参照）として、**取締役と同じ責任を負います**。任務懈怠責任を生じて、会社に損害を与えたときは損害賠償責任を負い、株主代表訴訟についても対象です《法847条1項》（⇗P.156参照）。悪意または重大な過失があるときは、会社以外の第三者に対しても損害賠償責任を負います。

MEMO **監査範囲の限定：**公開会社以外の株式会社では、株主のチェック機能が強いため、定款で定めることにより、監査範囲を会計監査に限定することが認められている。

監査役の権限と義務、責任

● 監査役の権限（例）

- いつでも、取締役や従業員などに対して事業の報告を求め、業務と財産の状況を調査できる権限《法381条2項》
- 必要があるときは、子会社に対して事業の報告を求め、業務と財産の状況を調査できる権限《法381条3項》
- 必要があるときは、取締役会の招集を請求し、招集がない場合は請求した監査役が招集できる権限《法383条2項、3項》
- 取締役が法令や定款に違反する行為をした場合などに、会社に著しい損害が生ずるおそれがあるときは、取締役にその行為をやめるよう請求できる権限《法385条》
- 株主総会に提出する会計監査人の選任・解任などの議案の内容を決定する権限《法344条1項》

● 監査役の義務（例）

- 取締役会に出席し、必要があるときは意見を述べる義務《法383条1項》
- 株主総会の議案を調査し、法令・定款に違反または著しく不当な事項があるときは株主総会に報告する義務《法384条》

● 監査役の責任（例）

- 任務を怠って会社に損害が生じたとき、損害を賠償する責任《法423条1項》
- 悪意または重過失で会社以外の第三者に損害が生じたとき、損害を賠償する責任《法429条1項》

CHECK! 任期・解任・報酬を取締役と比べてみると

監査役は、取締役を監査する立場であることから、独立性が保障されなければなりません。そのため、取締役と比べて任期など多くの点が異なります。まず、任期は原則4年です《法336条1項》（取締役は原則2年）。取締役と違って、定款で短縮することはできません。また、監査役の解任には株主総会の特別決議が必要です《法309条2項七号、343条4項》（取締役は普通決議）。さらに、監査役の報酬は取締役とは別に、株主総会で決められます《法387条1項》。

公開会社、大会社では
監査役会も設置が義務

◆ 大会社で1人、2人の監査役はむずかしい

　株式の全部または一部に譲渡制限をつけていない公開会社で、資本金が5億円以上などの大会社では、監査役会を設置しなければなりません《**法328条1項**》。

　ただし、委員会を設置する会社では、監査委員会か監査等委員会を置くので、監査役が置けない定めです《**法327条4項**》。したがって、監査役会も置けません。

　つまり、監査役会を置く義務があるのは、**規模の大きな会社で、かつ委員会を置かない会社**ということになります。

　規模の大きな会社で、委員会も置かない会社では、1人や2人の監査役で全体をきちんと監査することがむずかしいので、3人以上の監査役を置いて、監査役会を構成すると考えてよいでしょう。

　規模が大きくない会社でも、定款で定めれば監査役会を設置することができます《**法326条2項**》。

◆ 監査役と異なる監査役会の職務とは

　監査役会を置く場合、**監査役は3人以上**です。そのうち過半数は、社外監査役（⇒P.150参照）でなければなりません《**法335条3項**》。

　監査役会はすべての監査役で組織され《**法390条1項**》、右図にあげた職務を行います《**2項**》。職務の第1は、各監査役の監査報告にもとづく、監査役会の**監査報告の作成**です。また、職務の②にあるように、監査役会は**常勤の監査役を選定**しなければなりません《**3項**》。

　職務の③には、**監査役の職務の執行に関する事項を監査役会が決定する**とあります。しかし、2項ただし書きに「監査役の権限の行使を妨げることはできない」とあり、各監査役は各自が単独で、前項で見た監査役の権限を行使できる定めです。

常勤監査役：他に常勤の業務を持たず、原則として会社の営業時間中は監査役の職務にあたっている監査役。常勤監査役以外の監査役は、月に数回程度の出社といった勤務形態も可能になる。

監査役会の職務

● **監査役会の職務《法 390 条 2 項一号～三号》**

①監査報告の作成

②常勤の監査役の選任と解職

③監査の方針、会社の業務・財産の状況の調査の方法、その他監査役の職務の執行に関する事項の決定

● **監査役会と各監査役の関係**

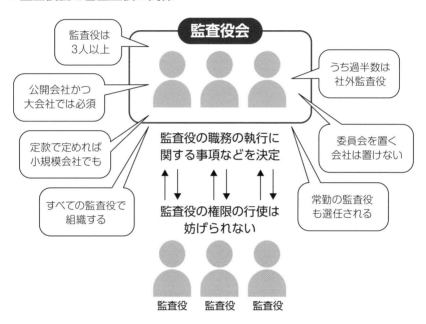

CHECK! **各監査役が監査役会を招集できる**

監査役会の招集は、各監査役ができます《法391条》。取締役会のように招集権者を定めることはできません。招集の通知は、原則として1週間前（定款で下回る期間を定めた場合はその期間）までに発することになっていますが《法392条1項》、監査役全員の同意があれば、招集の手続きなしに開催できます《2項》。監査役会の決議は、過半数です《法393条1項》。

MEMO **監査報告：**各監査役の報告にもとづいて、監査役会が作成する《法施行規則130条1項》。監査役は、自己の報告と異なる場合に、自己の報告の内容を付記することもできる《法施行規則130条2項》。

「取締役○○部長」などの
法的な位置づけは

❖ 会社法には使用人兼務役員の禁止条項がない

　日本の会社では、会社に貢献した従業員が、キャリアの最後の段階で社内取締役になることも多く、「取締役○○部長」などの肩書で従業員（使用人）と、**取締役などの役員を兼務する**例も多く見られます。これが使用人兼務役員、取締役の場合には使用人兼務取締役と呼ばれる地位です。

　本来、取締役は、代表取締役や他の取締役を監督する立場にあり、代表取締役や業務執行取締役の指揮・監督を受ける使用人と兼務することには矛盾があります。

　しかし、会社法には、全般的に使用人兼務役員を禁止する条項がなく、容認されているというのが通説です。

　例外的に、**監査役が使用人を兼務することは禁止**されており《**法335条2項**》、また委員会設置会社では、取締役と使用人の兼務ができません《**法331条3項、4項**》。

❖ 使用人の給与や取締役の報酬はどうなるか

　使用人兼務取締役では、使用人としての地位と、取締役としての地位が併存しているので、報酬などにも両方が含まれることになります。取締役の職務執行の対価として受け取る報酬は、すでに説明したように、**定款の定めや株主総会の決議によって定める**ことが必要です《**法361条1項**》。

　一般的な使用人として、賃金規程などにもとづき受け取る給与には、特別な決議など不要なはずですが、給与の支払いが利益相反取引（⇨P.136参照）にあたるという判例があります。

　したがって、**取締役会か、取締役会を設置しない会社では株主総会の承認を受けなければなりません**《**法356条1項二号、365条**》。

　ただし、取締役会の承認を得て一般的に定められた給与体系にもとづいて支給される場合には、取締役会の承認決議は個別的に必要ありません。

使用人兼務役員の法的地位

● 兼務が禁止される場合

- 監査役は、その会社や子会社の使用人などを兼ねることができない 《法335条2項》

- 委員会設置会社の取締役は、その会社や子会社の使用人などを兼ねることができない 《法331条3項、4項》

● 使用人兼務取締役の報酬

利益相反取引にあたるので取締役会などの承認が必要

取締役の報酬なので定款の定めや株主総会の決議が必要

使用人兼務取締役

● 使用人兼務取締役の懲戒・解任

就業規則の懲戒事由にあたる場合は懲戒も可能

取締役の解任には株主総会の普通決議が必要

使用人兼務取締役

CHECK! 法人税法にも兼務できない役員の定めがある

法人税では、使用人の給与は損金（経費）にできますが、役員報酬は一定の要件を満たさないと損金（経費）にできません。そこで、法人税法とその施行令にも兼務ができない（使用人兼務役員とされない）役員の定めがあります。それによると「代表取締役、代表執行役」「副社長、専務、常務その他これらに準ずる職制上の地位を有する役員」「（委員会設置会社の）取締役、会計参与および監査役」など、かなり具体的です《法人税法34条、法人税法施行令71条》。

執行役と執行役員、役員の違いは何か

◆ 執行役は指名委員会等設置会社に必須

　会社法が定める役員のうちでも、執行役が存在するのは指名委員会等設置会社だけです。執行役は、指名委員会等設置会社において、取締役会から委任を受けた業務執行の意思決定を行い《法418条一号》、その業務を執行します《二号》。

　指名委員会等設置会社は、執行役を1人、または2人以上置かなければなりません《法402条1項》。執行役の選任は、右図のように取締役会が行います《2項》。取締役との兼任も可です《6項》。

　任期は1年と短く、取締役会によって毎年、チェックされるしくみになっています。しかも、定款に定めて任期を短縮することも可能です《7項》。さらに、取締役会の決議によっていつでも解任することができます《法403条1項》。

　会社の代表権については、代表執行役を選定する定めです。ただし、執行役の互選でなく、右図のとおり取締役会が選定します。執行役が1人の場合は、その執行役が代表執行役です《法420条1項》。また、取締役会の決議によって、いつでも解職が可能になっています《2項》。

　このように、執行役に対する取締役会の権限は強く、執行役間の職務の分掌や、指揮命令関係も決めることが可能です《法416条一号ハ》。

◆ 執行役員は役員ではない

　執行役と似た名称の職位に、執行役員がありますが、こちらは会社法上の機関ではなく、役員にもあたりません。執行役員制度を導入する会社も増えてはいますが、この制度には法的な裏づけがなく、会社が任意で定める制度になっているのが現状です。

　執行役員も、役員という名前はついているものの、一般的には取締役会などから委任された使用人という法的位置づけになります。

 CEO／COO：CEO（最高経営責任者）は業務執行の意思決定とCOOなどの監督を行う。COO（最高執行責任者）が会社の各部門を指揮して実際の業務を執行する。

指名委員会設置会社の執行役とは

● 指名委員会等設置会社のしくみ

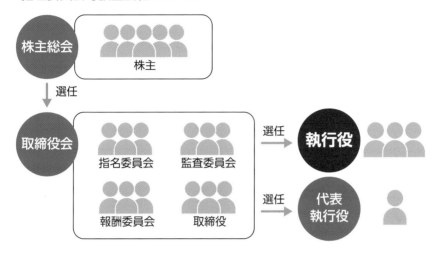

● 執行役と執行役員の違い

	執行役	執行役員
法的裏づけ	会社法	とくにない
設 置	指名委員会等設置会社で必須	任意
選任・解任	取締役会	使用人の場合は取締役会
代表権者	代表執行役	代表取締役

CHECK! 会社法に定めがない執行役員制度とは

日本の執行役員制度は、アメリカ型のコーポレートガバナンスにならったものです。アメリカでは所有と経営の分離（⇨P.26参照）をさらに進めて、経営（意思決定・監督）と業務執行を分離する「経営と執行の分離」の制度になっています。取締役会は株主の代理として意思決定に専念し、業務の執行を行うCEOやCOOなどの執行役を選任・監督するしくみです。日本の執行役員制度も経営と執行の分離を目的としていますが、法律に定められた制度がないため、雇用型と委任型があります。雇用型の場合、執行役員は使用人の立場ですが、「重要な使用人」にあたるため、選任・解任は取締役会の決議事項です。

社内に利害関係がない立場から
経営の意思決定・監督を行う

◆ 公開会社などで設置が義務づけられている

執行役や執行役員は、経営と執行の分離によって、取締役会本来の意思決定・監督の機能を強化しようとするものです。

しかし、例えば従業員から取締役に昇格した場合など、社内の利害関係に引きずられて、本来の決定・監督の機能が適切に働かない場合があります。

そこで、**社内にしがらみのない立場から、取締役会の決定・監督に参画してもらう**というのが、社外取締役の目的です。2021年3月施行の改正会社法では、それまで任意だった社外取締役の設置が、一定の会社に義務づけられました。

対象は、監査役会設置会社で、公開会社、かつ資本金5億円以上などの大会社のうち、有価証券報告書の提出義務がある上場会社です**《法327条の2》**。このような会社は、1人以上の社外取締役を置かなければなりません。

また、委員会設置会社では、各委員会の委員の過半数が社外取締役であることが求められています**《法331条6項、400条3項》**。

◆ 社外取締役に求められる要件とは

社外取締役とは、簡単にいえば、**過去・現在にわたって、その会社で業務をした経験がない取締役**のことです。

といっても、会社が勝手に幅広く解釈して、利害関係のある人を選任しては趣旨に反するので、会社法は厳密に要件を定めています**《法2条十五号イ〜ホ》**。

「がないこと」「でないこと」を、5項目にわたって列挙し、そのいずれにも該当することを求めて、社外取締役の要件を厳密に定めたものです。右ページはその要旨になっています。

社外取締役になれる人

● 会社法が定める社外取締役の要件《法2条十五号イ〜ホ》

- その会社または子会社の業務執行取締役・執行役・支配人その他の使用人でないこと。かつ、就任前の10年間に、上記であったことがないこと。

- 就任前の10年以内に、その会社または子会社の取締役・会計参与・監査役であったことがある者は、その就任前の10年間に、その会社または子会社の業務執行取締役・執行役・支配人その他の使用人であったことがないこと。

- その会社の経営を支配する個人または親会社等の、取締役・執行役・支配人その他の使用人でないこと。

- その会社の親会社等の、その会社以外の子会社の業務執行取締役・執行役・支配人その他の使用人でないこと。

- その会社の取締役・支配人その他の重要な使用人・その会社の経営を支配する個人の、配偶者・2親等内の親族でないこと。

ポイント
- 子会社も含めて、業務執行取締役・執行役などはNG
- 10年以内に、業務執行取締役などだった場合もNG
- 親会社の取締役・執行役・支配人などもNG
- 兄弟会社の取締役・執行役・支配人などもNG
- 取締役・支配人などの近親者もNG

CHECK! 社外取締役は業務執行の委託を受けられる

上図の要件にもあるように、社外取締役がその会社の業務を執行すると、社外取締役の要件に反します。しかし、例えば子会社が親会社と取引をする場合に、親会社出身の子会社取締役が親会社の利益をはかるなど、子会社の利益が損なわれるケースもあるはずです。そのような場合、子会社の社外取締役が業務を執行したほうが、子会社の利益が守られることになります。そこで、2019年3月施行の改正会社法では、会社と社内取締役の利益が相反する場合などは、取締役（会）の決議によって、社外取締役に業務の執行を委託できるとしています《法348条の2 1項、2項》。ただし、業務執行取締役（または執行役）の指揮命令などで行った場合は別です《3項》。

兄弟会社：同じ親会社を持つ子会社同士のこと。

社内に利害関係がない立場から
経営の業務監査・会計監査を行う

❖ 監査役会の過半数は社外監査役

　社外監査役も、社外取締役と同様に、**社内にしがらみや利害関係のない立場から、会社の業務監査とそれに会計監査を行う**という目的で置かれるものです。

　監査役会を設置する会社では、監査役を3人以上選任しなければなりませんが（⇨P.142参照）、そのうちの半数は、社外監査役でなければならない定めになっています《**法335条3項**》。

　経営の業務監査・会計監査について、社外監査役に対する期待の大きさを示すものでしょう。

　社外監査役の要件は、右ページのようなものです《法2条十六号イ〜ホ》。

　兄弟会社の業務執行取締役などがなれない点、取締役などの近親者が社外監査役になれない点などは共通します。

❖ 10年間という期間が要件に加わる理由

　社外取締役も含めて、具体的に要件を見ると、**10年間という期間を区切って要件を定めている**箇所があります。

　期間を区切らないと、いったん会社の関係者なった人は一生涯、社外取締役や社外監査役になれないことになってしまうからです。それではあまりに不合理なので、10年間という期間を区切って要件を定めているものと考えられます。

　なお、社内取締役・社内監査役については、10年間の期間も含めて右ページのような要件はありません。

社外監査役になれる人

● **会社法が定める社外監査役の要件**《法2条十六号イ〜ホ》

- 就任前の10年間に、その会社または子会社の取締役・会計参与・執行役・支配人その他の使用人であったことがないこと。

- 就任前の10年以内に、その会社または子会社の監査役であったことがある者は、その就任前の10年間に、その会社または子会社の取締役・会計参与・執行役・支配人その他の使用人であったことがないこと。

- その会社の経営を支配する個人または親会社等の、取締役・監査役・執行役・支配人その他の使用人でないこと。

- その会社の親会社等の、その会社以外の子会社の業務執行取締役・執行役・支配人その他の使用人でないこと。

- その会社の取締役・支配人その他の重要な使用人・その会社の経営を支配する個人の、配偶者・2親等内の親族でないこと。

ポイント
- 子会社も含めて、10年以内に監査役だった場合は、その就任前の10年間に取締役などだった場合がNG
- 親会社の監査役が子会社の監査役になる場合もNG

CHECK! 配偶者、親子、兄弟姉妹などは社外役員になれない

社外取締役・社外監査役には、配偶者・2親等内の親族でないことという要件があります。2親等には、本人と配偶者の父母・祖父母、子・孫、兄弟姉妹とその配偶者まで入ります《民法726条》。曾祖父母、曾孫、伯（叔）父・伯（叔）母、甥・姪になって、やっと社外役員になれるわけです。ただし、この要件では使用人について、「重要な使用人」に限定されていることに注意が必要です。他の要件では単に「使用人」となっているところが、重要な使用人（⇒P.147参照）となっています。つまり、重要な使用人でない、普通の従業員の配偶者・2親等内の親族は社外役員になれるわけです。

監査役などと連携して
会計監査を専門に行う

❖ 会計監査人は会計監査を行う会社法上の機関

　会計監査人は会計監査を行う会社法上の機関です。ただし、選定は、株主総会の決議で行います《**法329条1項**》。

　会計監査人は、会計の専門家である公認会計士か、監査法人でなければなりません《**法337条1項**》。その職務は、貸借対照表や損益計算書、附属明細書などを監査し、会計監査報告書を作成・提出することです。

　指名委員会等設置会社、監査等委員会設置会社、資本金5億円以上または負債200億円以上の大会社では、会計監査人の設置が義務づけられています《**法327条5項、328条1項、2項**》。それ以外の会社は、定款で定め《**法326条2項**》監査役を置く《**法327条3項**》ことで設置できます。

❖ 役員等として損害賠償責任を負う

　会計監査人の任期は1年です《**法338条1項**》。毎年、株主総会のチェックを受けるわけですが、とくに決議がされなければ、再任されたとみなす定めがあります《**2項**》。

　報酬を決める際には、監査役（監査役会、監査等委員会、監査委員会）の同意が必要です《**法399条1項～4項**》。

　このように、会計監査人の独立性は保障されていますが、反面、役員等（⇨P.114参照）として、取締役や監査役と同じ重い責任を負います。

　任務懈怠責任に反して、会社に損害を与えたときは損害賠償責任を負う定めです《**法423条1項**》。株主代表訴訟についても、役員等として対象になります《**法847条1項**》（⇨P.156参照）。

　さらに、悪意または重大な過失があるときは、会社以外の第三者に対しても損害賠償責任を負います《**法429条1項**》。もちろん、会計監査報告に虚偽の記載をした場合も同様です《**2項四号**》。

 監査法人：公認会計士法にもとづき、上場会社などの会計監査を組織的に行うために設立される法人。設立にあたって最低5人の公認会計士が必要とされ、最大手では3,000人以上が所属する。

会計監査人の役割

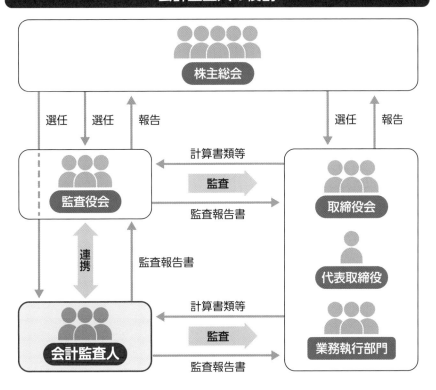

CHECK! 監査役、取締役会との関係は

株式会社は、計算書類・事業報告・附属明細書を作成しなければなりませんが《法435条2項》、このうち計算書類とその附属明細書は監査役と会計監査人の《法436条2項一号》、事業報告とその附属明細書は監査役の《二号》監査を受ける必要があります。会計監査は、監査役と会計監査人のダブルチェックになるわけです。さらに、計算書類・事業報告・附属明細書は、取締役会設置会社では取締役会の承認を受けます《3項》。本来、計算書類は定時株主総会の承認も受けなければなりませんが《438法条2項》、上記のようにダブルチェックと取締役会の承認を受けた計算書類は、一定の要件を満たせば定時株主総会の承認を受けなくてよいという定めです。ただしこの場合、取締役が定時株主総会に、計算書類の内容を報告しなければなりません《法439条》。

取締役などと共同で
計算書類等を作成し、備え置く

❖ 計算書類等と会計参与報告も作成する

会計参与も、会計監査人と同じく、会社法上の機関です。資格は、公認会計士・監査法人・税理士・税理士法人となっています《**法333条1項**》。

会計監査人との違いは、計算書類等の監査でなく、**取締役・執行役と共同して計算書類等の作成にあたる**ことです。このとき、会計参与は**会計参与報告も作成**しなければなりません《**法374条1項**》。

また、作成した計算書類等や会計参与報告は、会計参与も備え置かなければなりませんが、その期間は定時株主総会の1週間前（取締役会設置会社は2週間前）から、5年間です《**法378条1項**》。

株主や債権者は、会社の営業時間内ならいつでも、閲覧や、謄本・抄本の交付を、会計参与に請求できます《**2項**》。

❖ 定款で定めればどの会社も置くことが可能

2005年の会社法成立時に会計参与を新設した目的は、会計監査人を置かない、とくに**中小会社の計算書類等の適正化、信頼性の確保**とされました。

長期的にはそれが、金融機関の融資や投資家の出資などを受けやすくし、中小会社の資金調達を円滑にするものと考えられています。定款で定めて株主総会で選任すれば、どの会社も置くことが可能です《**法326条2項**》。

会計参与の任期は、原則として2年と定められています《**法334条1項**》。公開会社以外の会社では定款で10年まで伸長可能、指名委員会等設置会社・監査等委員会設置会社では1年です。

会計参与は税理士等の資格を持った人が役員になることになり、実際に設置している会社は多くありません（☞P.61参照）。

他の役員と同様、会社に対する損害賠償責任《**法423条1項**》、株主代表訴訟の対象《**法847条1項**》、第三者に対する損害賠償責任《**法429条1項**》を負います。

 税理士法人：税理士法にもとづき、税理士業務を組織的に行うため、2人以上の税理士が共同して設立する法人。2001年の税理士法改正によって認められた。

会計参与の職務

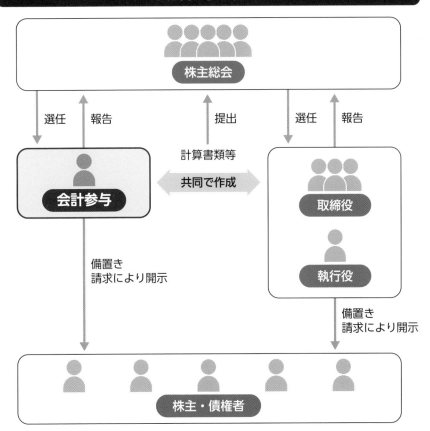

CHECK! もしも意見が一致しなかったら……

会計参与が、取締役などと計算書類等を共同して作成するのは、取締役などによる計算書類等の虚偽記載や改ざんを防止するためです。しかし、虚偽や改ざんでなくても、会計処理などについて意見が一致しないということはありえます。意見が一致しなければ計算書類等は作成できず、株主総会に提出することもできません。そこで、法令では会計参与報告に、会計処理に関する事項や、共同して作成する際に問題となった事項などを記載するよう求めています《施行規則102条一号〜八号》。

株主は役員などの責任を追及する訴訟を起こすことができる

❖ 会社に代わって取締役などの責任を追及する

　役員などの責任についての説明で、たびたび出てくる「株主代表訴訟」のしくみを見てみましょう。

　取締役や会計参与、監査役、執行役、会計監査人が、法令や定款に違反して会社に損害を与えた場合、会社に対して損害賠償責任を負うことはすでに説明しました（☞P.122参照）。

　しかし、これらの役員等は会社としての意思決定や業務執行、監督にあたっている人たちです。会社として、その損害賠償責任を追及する判断になるとは限りません。そのような場合に、**株主が会社に代わって、役員等の責任を追及できる**のが株主代表訴訟です。

　訴訟を起こせるのは、原則として**6ヵ月前から株式を持っている株主**で、1株の株主でも訴訟を提起できます。ただし、定款で単元未満株主は提起できないと定めている場合は、単元株以上の株主に限定されます。

　また、訴え出た株主自身や第三者の不正な利益をはかったり、会社に損害を与えることが目的の場合は認められません《法847条1項》。公開会社以外の会社では、6ヵ月前からの保有という条件がなくなります《2項》。

❖ 会社が60日以内に提訴しない場合にできる

　株主代表訴訟を提起するには、右図のように、まず会社に、役員等に対する提訴を請求します《法847条1項》。**会社が60日以内に提訴しない場合に、株主が訴えを提起できる**定めです《3項》。

　ただし、役員等の損害賠償責任は、重過失などがなければ全部または一部が免除される場合があります（☞P.123参照）。一部が免除されるのはそれぞれの報酬額の、代表取締役・代表執行役は6年分、業務執行取締役・執行役は4年分、それ以外の取締役・会計参与・監査役・会計監査人は2年分を超えた部分です《法425条1項一号イ～ハ》。

156 　MEMO　**一部が免除：**例えば1億円の損害賠償責任を負うことになった代表取締役の年間報酬が1,000万円の場合、6年分の6,000万円までは責任を負い、残りの4,000万円は免除される。

株主代表訴訟までの流れ

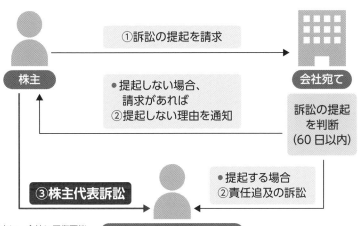

請求できる株主

- 原則として
  ①6ヵ月前から株式を有している株主
- 定款に定めがある場合
  ②単位未満株主は請求できない
- 公開会社以外の会社の場合
  ③6ヵ月前からの条件はなし

株主
①訴訟の提起を請求

会社宛て

- 提起しない場合、請求があれば
  ②提起しない理由を通知

訴訟の提起を判断（60日以内）

③株主代表訴訟

- 提起する場合
  ②責任追及の訴訟

責任を追求される役員等

※60日以内に、会社に回復不能の損害が生じるおそれがあるときはただちに提訴できる。

CHECK! 責任限定契約とは

損害賠償責任の一部が免除される以外にも、会社と役員等があらかじめ、役員等の責任を限定する契約を結ぶことができます。業務執行取締役以外の取締役、会計参与、監査役、会計監査人の責任について、故意・重過失でなければ、限度額を定めておく契約です。限度額は、定款で定められた額の範囲内で会社があらかじめ定めた額と、左記の役員等ごとの最低責任限度額の、いずれか高いほうの額になります。こうした契約を会社法は「責任限定契約」と呼んでいます《法427条1項》。

親会社の株主が子会社の役員などに株主代表訴訟を起こせる

❖ 親会社の株主が起こせる多重代表訴訟とは

　株主が株式を保有する会社でなく、その子会社の役員等が、子会社に損害を与えた場合はどうでしょうか。普通に考えれば、子会社といえども別の会社ですから、親会社の株主が訴訟を起こすなどは考えられません。

　しかし、子会社が損害をこうむれば、それは子会社の株式を保有する親会社の損害になりえます。親会社の株主を保有する株主は、子会社の役員等に対して、株主代表訴訟を起こすことができていいはずです。

　そこで、会社法には、**親会社の株主が子会社の役員等に対して、株主代表訴訟を起こせる制度**があります。会社法には「特定責任追及の訴え」と書かれていますが、一般にこれを「多重代表訴訟」といいます。

❖ 請求できるのは100%完全親会社の場合

　多重代表訴訟を提起できるのは、子会社の株式を100％保有している完全親会社の場合です。**完全親会社の株式の100分の1以上の議決権を有する株主が、子会社に対して役員等の責任を追及する訴訟を提起するよう、請求する**ことができます《法847条の3　1項》。

　ただし、親会社の株式を100％保有している親会社（最終完全親会社）があるときは、請求できるのは最終完全親会社の株主です。

　また、完全親会社が公開会社の場合は、6ヵ月前から100分の1以上の議決権を有している必要があります。公開会社以外の会社の場合は6ヵ月前からの制限はありません《6項》。

　請求の日から60日以内に子会社で訴訟が提起されない場合、請求した株主が多重代表訴訟を提起できます《7項》。

　その場合、請求をした株主などから求めがあれば、子会社は60日以内に、提訴しない理由を通知しなければなりません《8項》。

多重代表訴訟のしくみ

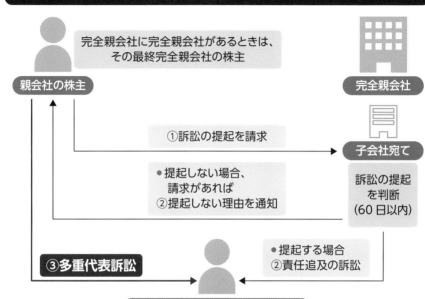

完全親会社に完全親会社があるときは、その最終完全親会社の株主

親会社の株主

完全親会社

①訴訟の提起を請求

子会社宛て

● 提起しない場合、
　請求があれば
②提起しない理由を通知

訴訟の提起
を判断
（60日以内）

③多重代表訴訟

● 提起する場合
②責任追及の訴訟

責任を追求される子会社の役員等

※60日以内に、会社に回復不能の損害が生じるおそれがあるときはただちに提訴できる。

訴えます

親会社の株主

CHECK! 多重代表訴訟ができない場合

当然のことですが、株主や第三者の不正な利益をはかるためや、子会社・親会社に損害を加えることを目的にした提訴は認められません《法847条の3　1項一号》。また、子会社の役員等に不正行為などがあっても、親会社に損害が発生していなければ提訴はできない定めです《二号》。さらに「特定責任」（左ページ参照）とは、子会社の帳簿価額が、親会社の総資産額の5分の1を超える場合などの責任とされています《4項》。つまり、子会社株式の評価額が、親会社の総資産の5分の1以下の場合も、多重代表訴訟は提起できないわけです。

内部統制システムの構築は取締役会の義務

● コンプライアンスの徹底のために

　会社法が、取締役会の権限・義務としてあげているものの1つに、内部統制システムの構築があります。条文には、次のように記されています《**法362条4項六号**》。

　「取締役の業務執行が法令や定款に適合することを確保するための体制、および当該企業やその子会社からなる企業集団の業務の適正をはかるために必要なものとして法務省令で定める体制の整備」

　一般にこれを内部統制システムと呼び、**会社法は大会社でかつ取締役会設置会社に、内部統制システムの構築を義務**づけています。取締役に委任することができない、取締役会の権限・義務です。

　その目的は「法令や定款に適合することを確保するため」とあるように、コンプライアンス（法令遵守）の徹底にあります。取締役会のメンバーだけで会社のすべての業務をチェックすることはできません。そこで、体制（システム）として整備（構築）し、機能させることによってコンプライアンスの徹底をはかるのです。

● 内部統制システムはすべての業務にわたる

　内部統制システムとは、具体的にどのようなものを指すのでしょうか。例えば、材料を発注するなら、誰の承認を得て、承認の記録や発注の記録はどう残し、どう保存しておくか、ルールとしくみをきちんとつくっておきます。それにより、架空の発注などの不正が防げ、会計監査の際にも信頼できる記録が残せるわけです。

　このようなルールとしくみは、**会社のすべての業務にわたってつくりあげる必要**があります。ですから、会社法は特定の部門の管理者などではなく、その体制の整備を取締役会の義務としているのです。

第6章

資金調達のルール

株式や社債の発行

新株や社債の発行は
会社法で定められている

◆ 会社の資金調達には3つの方法がある

　会社が新規の事業に進出したり、既存の事業を広げたりするときに、会社内部に留保した資金だけでは足りなくなることがあります。

　そのような場合、外部から資金を調達する、すなわち資金調達が必要です。

　株式会社が資金調達を行う方法は、大きく分けて3つあります。

　第1に、**新しい株式を発行する**方法（新株発行）。

　第2に、**債券を発行して資金を借りる**方法（社債発行）。

　第3に、**金融機関から資金を借りる**方法（借入れ）です。

　新株発行で得た資金は、会社の自己資本に含まれるため、返済する義務はありません。一方、社債発行と借入れで調達した資金は、他人に返済しなければならないため他人資本と呼ばれています。

　また、新株発行と社債発行は直接金融に分類され、金融機関からの借入れは間接金融にあたる資金調達方法です。

　なお、社債とは会社が発行する債券のことです。債券とは借金をするときに借り手が発行する**返済期日や利息などが決められた有価証券**のことで、いわば借用証書のようなものです。

◆ 新株発行と社債発行について会社法の定めは

　金融機関からの借入れは、民法上の金銭消費貸借契約ですから、会社法にはとくに定めていません。

　せいぜい、多額の借財が取締役会の決議事項とされる程度です（⇒P.129参照）。

　しかし、新株発行については、第2編第2章第8節の募集株式の発行等《法199条〜213条の3》に、社債発行については、第4編の社債《法676条〜742条》に、具体的な定めがあります。

MEMO **金銭消費貸借契約**：金銭を受け取る代わりに、同額の金銭を（利息つきの場合は利息も含めて）返すという契約。民法に消費貸借の定めがある《民法587条〜592条》。

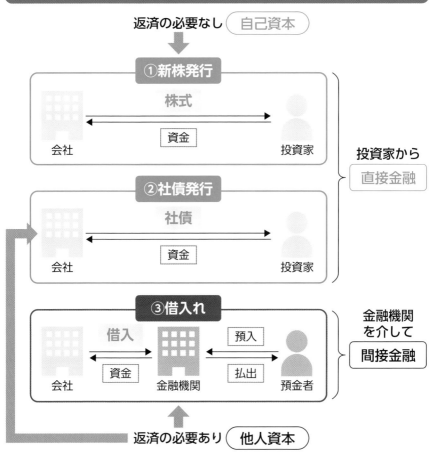

会社が資金調達をする3つの方法

返済の必要なし　自己資本

①新株発行
株式
資金
会社　　　　　　　　　　　投資家

投資家から
直接金融

②社債発行
社債
資金
会社　　　　　　　　　　　投資家

③借入れ
借入
資金
会社　　金融機関　　預金者
預入
払出

金融機関
を介して
間接金融

返済の必要あり　他人資本

Check!　直接金融と間接金融

直接金融と間接金融は、金融のしくみの違いによる分類です。新株発行と社債発行の場合、発行した株式や債券は投資家が購入します。間に仲介する証券会社などが入るものの、直接、投資家から資金を出資してもらったり、借りる形です。これを直接金融といいます。

一方、例えば銀行から資金を借りた場合、その資金の元手は銀行のものではありません。銀行の預金者が銀行に預けたものです。この場合、資金は金融機関を介して間接的に借りる形になるので、こちらは間接金融といいます。

新株の発行には
３つの方法がある

❖ 株主割当て、第三者割当て、公募発行がある

　募集株式とは、募集に応じて株式引受けの申込みをした者に割り当てる株式のことです《法199条1項》。募集株式の発行とは、会社が発行する新株（または処分する自己株式）を引き受け、株主になる者を募集することをいいます《法199条〜213条の3》。

　新株を発行する方法は、大きく分けて右図の３つです。①株主割当てでは、**既存の株主の持株数に応じて新株を発行**します。他の方法のように株主の持株比率を変えて、議決権の数による会社の支配力に影響を与えることがないのが特徴です。

　②第三者割当ては、**株主以外の第三者に対して新株を発行**します。③公募発行は、**広く一般から募集して割り当てる**方法です。

❖ 新株発行には募集事項を定める

　新株の発行に際しては、そのつど、数や金額などの募集事項を定めなければなりませんが、その決定は公開会社と公開会社以外の会社で異なります。公開会社以外の会社では、**株主総会の特別決議が必要**です《法199条2項、309条2項五号》。

　ただし、株主総会の特別決議でこの決定を取締役（取締役会設置会社では取締役会）に委任することができます《法200条1項》。

　公開会社では原則、**取締役会の決議で決定が可能**です《法201条1項》。

　ただし、株主割当て以外の方法で、とくに有利な金額で発行する場合（有利発行）は、既存の株主に様々な不利益が及ぶ可能性があります。そのため、取締役による株主総会での必要な理由の説明《法199条3項》と、株主総会の特別決議《法199条〜201条》が必要です。

　そのほか、それぞれの会社の新株の割当ての決定については、右表のようになっています。

自己株式の処分：会社が保有する自己株式を第三者に譲渡すること。新株発行と同じ意味があるので、会社法では両者の株式を「募集株式」と呼び、同じ条文で規定している《法199条以降》。

会社が新株を発行する3つの方法

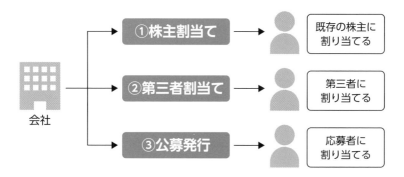

● 新株発行の手続き

		募集事項の決定	割当ての決定
公開会社以外の会社	取締役会・非設置会社	株主総会の特別決議 ※委任がある場合は取締役の決定	株主総会の特別決議 ※定款に定めがある場合は取締役の決定
	取締役会設置会社	株主総会の特別決議 ※委任がある場合は取締役会の決議	取締役会の決議 ※定款に定めがある場合は株主総会の決議等
公開会社		取締役会の決議 ※有利発行の場合は株主総会の特別決議	代表取締役など ※公開会社以外の会社の場合は取締役会の決議

CHECK! 既存の株主は新株発行の差止め請求もできる

左ページに例をあげたように、時価よりとくに有利な価格で割り当てるなど、不公正な新株の発行があると、既存の株主は大きな不利益をこうむります。価格以外にも、経営者に近い人物に大量の新株を割り当てるなどして、既存の株主の議決権による会社の支配力を変えることが可能です。そこで、株主が不利益を受けるおそれがあるときは、株主は会社に対して新株発行（と自己株式の処分）をやめるように請求できます《法210条》。請求できるのは、法令または定款に違反する場合《一号》と、著しく不公正な方法により行われる場合《二号》です。

支配株主の異動がある新株発行には株主総会の決議が必要

◆ 支配株主の異動とは

　前項で見たように、株式の公開会社以外の会社では、新株の発行に株主総会の特別決議が必要です。新株の発行について、必ず株主のチェックを受けることになるわけです。

　しかし、公開会社の場合は、原則として取締役会の決議で新株を発行することができます。有利発行では株主総会の特別決議が必要ですが、公正な価格であればそれも必要ありません。

　そうすると、例えば議決権の過半数を有する株主が出てくるような、重大な新株発行であっても、株主のチェックを受けずに、取締役会の決議だけで可能になってしまいます。

　そこで、**新たに議決権の2分の1を超える株式を、保有する株主が出現する場合の定め**が設けられています。会社法では「特定引受人」と呼んでいますが、一般にはこれを「支配株主」といい、「支配株主の異動」と呼んでいます。

◆ 異動は株主に通知等しなければならない

　支配株主の異動がある新株発行の場合、会社はまず、原則として新株の代金支払期日の2週間前までに、既存の株主に対して、**支配株主になる者の氏名や名称、議決権の数などを通知、または公告**しなければなりません《法206条の2　1項、2項》。

　その通知などから2週間以内に、総株主の議決権の10分の1以上の議決権を有する株主が、会社に反対を通知した場合は、代金支払期日の前日までに、**株主総会の普通決議による承認を受けなければなりません**《4項》。

　なお、新株の発行でなく、公開会社の新株予約権（⇨P.170参照）の募集の場合も、同様の手続きが定められています《法244条の2》。

MEMO **有利発行**：発行済株式の価額に比べて、特定の者に特別有利な額で株式を発行すること。

支配株主の異動がある場合の手続き

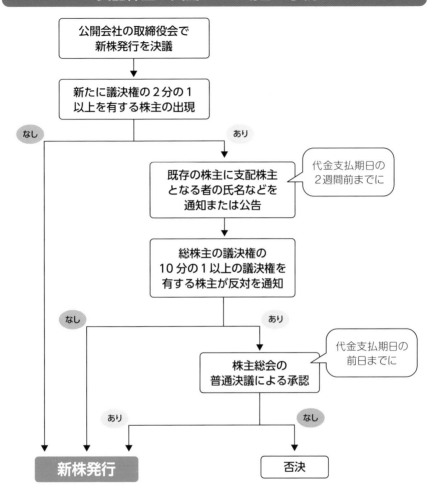

公開会社の取締役会で
新株発行を決議

↓

新たに議決権の2分の1
以上を有する株主の出現

なし ／ あり

既存の株主に支配株主
となる者の氏名などを
通知または公告

代金支払期日の
2週間前までに

↓

総株主の議決権の
10分の1以上の議決権を
有する株主が反対を通知

なし ／ あり

株主総会の
普通決議による承認

代金支払期日の
前日までに

あり ／ なし

新株発行 ／ 否決

CHECK! 「緊急の必要があるとき」は株主総会なしでも可

支配株主の異動手続きには特例が定められていて、会社の「財産の状況が著しく悪化している場合」は、株主総会の決議なしに新株発行ができるとしています《法206条の2　4項ただし書き》。新株の代金支払いが遅れると、支払手形が不渡りになる、社債の償還ができなくて債務不履行になるなど、会社の倒産に直接つながるような、緊急の場合に限ると考えられています。

公開会社が株式を公開しているとは限らない

◆ 上場会社のことも公開会社という

　本書では、株式の発行に関連して「公開会社」という用語が頻繁に登場しています。もちろん、これは株式を上場している会社という意味ではありません。右図に示したように、会社法における公開会社とは、株式の全部または一部について譲渡制限を設けていない会社のことです。

　一方、株式市場などでは、株式を上場することを「株式を公開する」ともいいます。やっかいなことに、上場会社のことを「公開会社」と呼ぶことも一般的なので注意が必要です。

　株式の上場とは、証券取引所（金融商品取引所）の基準をクリアして、**会社の株式を株式市場で自由に売買できるようにする**ことで、「IPO」ともいいます。上場の際には、新株の発行で新たな資金調達を行う公募増資や、既存の株主が保有株を売却する「売出し」が行われるのが一般的です。

◆ 株式公開のメリット・デメリット

　多くの非公開会社が株式の公開（上場）をめざしますが、どんなメリットがあるのでしょうか。右図にあげたようなメリットが考えられますが、最も大きなメリットは、**資金調達の方法が多様化し、格段に多額の調達が可能になる**ことでしょう。

　知名度や社会的信用が上がることにより、事業の拡大や人材の確保、新規取引先の開拓などが容易になることも見逃せません。

　一方、上場にはデメリットもあることに注意が必要です。主なデメリットは右下の図のようなものですが、重要なのは、不特定多数の投資家から資金調達を行うため、**金融商品取引法の規制を受ける**ことでしょう。企業情報のさらなる開示などが義務づけられます。

　いずれも、事務負担の増大によるコスト増につながるので、大きなデメリットとなるものです。

IPO：Initial Public Offeringの略。新規公開株、新規上場株式の意味で、株式上場の意味にも使われる。新規に株式を証券取引所に上場し、投資家が売買できるようにすること。

公開会社の違いとメリット・デメリット

● 公開会社の違い

会社法上の公開会社

発行する株式の全部または一部について、譲渡に会社の承認を要する定款の定めを設けていない株式会社
《法2条五号》

公開会社（上場会社）

株式を証券取引所に上場することにより、不特定多数の株主に所有され、株式市場で自由に株式の売買ができる株式会社

● 株式公開のメリット・デメリット

株式を公開する主なメリット

- 会社の資金調達方法が多様化する
- 会社の資金調達力が向上し、多額の資金調達が可能になる
- 会社の知名度・信用度が大幅に向上する
- 優秀な人材の確保、従業員のモチベーション向上が期待できる
- 新株の発行と株価の値上がりにより創業者利潤が期待できる

株式を公開する主なデメリット

- 詳細な企業情報の開示など、金融商品取引法の規制を受ける
- 敵対的買収などへの対応が必要になる
- 不特定多数の株主に対する対応が必要になる
- 株主総会による意思決定が容易でなくなる
- コーポレートガバナンスの強化が義務化される
- 事務負担が増えることによりコストが大幅に増加する

CHECK! 「ゴーイング・プライベート」（非公開化）も

株式公開のデメリットを避けて、逆に非公開化する動きも見られます。「ゴーイング・プライベート」と呼ばれるものです。この場合、株式公開のデメリットの逆が、そのまま非公開化のメリットになります。ただし法令には、上場廃止後も有価証券報告書を提出する義務なども定められていて《金融商品取引法24条1項など》、完全な非公開化は簡単ではありません。

権利を行使すると
株を有利に購入・売却できる

❖ 新株予約権とはどういうものか

　新株予約権とは、**一定の期間（権利行使期間）に、あらかじめ決められた価格（行使価格）で、株式を購入できる権利**です。会社が発行した新株予約権の所有者が、権利行使をしたら、会社は新株を発行するか、保有する自己株式を交付しなければなりません**《法2条二十一号》**。

　株主となった人が、権利行使価格より高い株価のときに売却すると、確実に売却益が得られるしくみです。株価が権利行使価格より低いときは、損を避けるために権利行使をしないこともできます。

　新株予約権を発行する目的は、主に3つです。第1に、いわゆるストック・オプションとして、社内向けのインセンティブに。第2に、会社の資金調達のために。社外向けに新株予約権を発行するときは、新株の代金支払いとは別に、新株予約権料（オプション料）が会社に入ります。

　第3は買収防衛策として、敵対的買収者が権利行使できないような条件をつけて発行するものです。権利行使できる、一般の株主の議決権比率が上がり、買収者の議決権比率が相対的に下がる効果があります。

❖ 発行手続きは新株の発行と同様

　新株予約権の**発行手続きは、新株の発行と同様**ですが（☞P.164参照）、第2編株式会社の第3章新株予約権として、別に定められています。

　公開会社以外の会社では発行のつど、募集事項を株主総会の特別決議で決めることが必要です**《法238条2項、241条3項四号、309条2項六号》**。取締役会や取締役に、決定を委ねることもできます**《法239条1項》**。

　公開会社では、原則として取締役会の決議で募集事項を決定することが可能です**《法240条1項、241条3項三号》**。支配株主の異動がある場合も、新株と同様の制限があります（☞P.166参照）。有利発行の場合、株主総会の特別決議が必要なことも同様です**《法309条2項六号など》**。

MEMO **ストック・オプション：** 会社の業績が上がれば株価も上がりやすくなるため、役員の報酬や従業員のボーナスの一種として発行される新株予約権。

新株予約権のしくみ

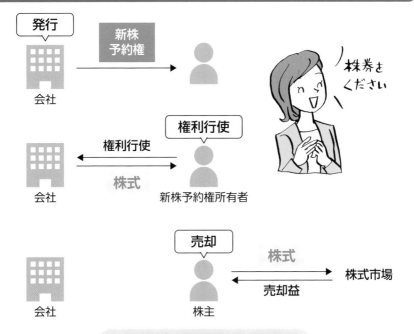

新株予約権を発行する目的

- 社内向けのインセンティブとして、役員や従業員に与える
- 社外向けに発行して、オプション料などを資金調達する
- 敵対的買収に対して、新株を発行して防衛する（ポイズンピル）

CHECK! 買収防衛策として利用する「ポイズンピル」

新株予約権を買収防衛策として利用するのは「ポイズンピル」と呼ばれることがあります。毒薬の意味ですから、「毒薬条項」などともいいます。もとはアメリカで利用される買収防衛策の通称です。日本では会社法などの規制により、完全に同じことはできませんが、事前警告型の防衛策として新株予約権が利用されています。一般の株主が新株予約権を行使すると、買収者の議決権比率が相対的に下がり、無理に買収を進めようとすると、株式総数が増えていることにより買収コストが増大する、そのように敵対的買収者に対して事前に警告する意味があるわけです。

同じ資金調達でも
社債は株式と大きく違う

◆ 社債は返還が必要、株式は返還不可

　第2の資金調達の方法は、社債の発行です。社債は株式会社だけでなく、特例有限会社や持株会社も含めて、どんな会社でも発行できます。ですから、第2編株式会社の中ではなく、第4編社債としてまとめられています《法676条〜742条》。

　社債とは「会社を債務者とする金銭債権」であって、法律の定めに従い「償還されるもの」です《法2条二十三号》。すなわち、**社債の償還期限が到来すると、発行時に払込みを受けた元本を返還する**点が株式と異なります。

　株式は原則として、代金の払戻しが不可ですから，譲渡によって資金を回収するわけです（☞P.80参照）。

◆ 社債は利息の支払いが必須、株式の配当はない場合も

　利息についても、社債はいわば会社の借入れですから、会社の財政状態や業績に関係なく、**あらかじめ決められた利息を支払う必要があります**。一方、株式は、会社に配当可能な剰余金があるときだけ、配当が可能です（☞P.196参照）。

　配当が必ずしも受けられない代わりに、株主には、株主総会で議決権を行使して、会社の経営に参加する権利があります。社債を保有する人（社債権者）は、会社の債権者という立場ですから、株主総会の議決権のようなものはありません。

　その代わり、会社が解散・清算する際には、**債権者として優先的に弁済を求める**ことができます。株主の残余財産請求権は、債権を弁済して残りがある場合に請求できるものです（☞P.72参照）。

　このように、株式・株主と比べてみると、社債のしくみと社債権者の立場がよくわかります。

  償還：返済のこと。償還期限のことを償還日ともいい、その日に社債の元金が返済される。

社債のしくみ①

- ● 社債のしくみ

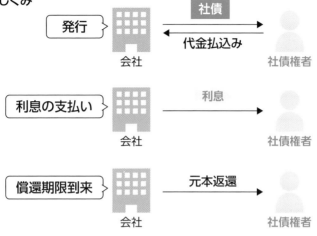

- ● 社債と株式の違い

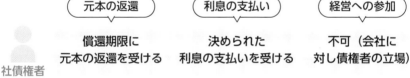

	元本の返還	利息の支払い	経営への参加
社債権者	償還期限に元本の返還を受ける	決められた利息の支払いを受ける	不可（会社に対し債権者の立場）
株主	返還なし（代金の払戻し不可）	配当可能なときだけ配当を受ける	株主総会で議決権を行使する

CHECK! 中小の企業なら少人数私募債も

社債は通常、大企業などで多数の社債権者に対して発行されるものです。そのため、次項で見るように社債管理者の設置など、会社法等で厳格な定めがあります。中小の企業にとっては、社債で資金調達をしたくてもハードルが高いといえるでしょう。そこで、大企業向けの社債に代わって、少人数私募債を利用する方法があります。少人数私募債は、縁故者などに限られた少人数に引き受けてもらう社債で、社債管理者の設置は必要ありません《法702条》。少人数は50名未満とされています《施行規則169条》。

発行から償還までの定め、新株予約権付社債の発行も

◈ 社債管理者を置くのが原則

　社債を発行する（引き受ける者を募集する）際には、会社は募集社債に関する総額や金額、利率などの事項を定めます《法676条》。取締役会設置会社では、その決定は取締役会が行うのが原則です。

　ただし、決定を代表取締役に委任することもできます《法362条4項五号、施行規則99条1項、2項》。

　社債を発行する際は、**外部に社債を管理する者を定めて、管理を委託し**なければなりません。これを「社債管理者」といいます《法702条》。

　社債管理者は、社債を引き受ける者（社債権者）のために、会社に債務を履行させ、債権の保全その他の社債の管理を行う者です。銀行や信託会社などがなることができます《法703条》。

　ただし、各社債の金額が1億円以上である場合や、一定の要件を満たす場合は、社債管理者を置く必要がありません《法702条ただし書き、施行規則169条》。

◈ 社債管理補助者の設置や社債権者集会の招集も

　上記のように、社債を発行しても一定の要件を満たすと、社債管理者を置く義務がなくなります。そこで2019年の会社法改正では、義務がない会社でも、社債管理補助者を置くことができるとしました《法714条の2》。

　社債管理補助者は、社債管理者と同様の銀行、信託会社などで、社債権者のために、**会社の破産手続きや民事再生手続きに参加できる権限**などがあります《法714条の3、4》。

　また、社債の種類ごとに社債権者集会が置かれますが、これは社債が償還されないなど、必要がある場合に招集されるものです。支払いの猶予や免除といった利害に関する事項について、社債権者は、保有する社債の金額に応じた議決権を行使し、決議します《法715条〜》。

社債のしくみ②

取締役会

募集事項の決定
総額や金額・利率などを決定。原則として取締役会の決議。代表取締役に委任も可

銀行など

社債管理者の設置
銀行・信託会社などを社債管理者と定めて、社債の管理を委託する

銀行など

社債管理補助者の設置
社債管理者の設置義務がない場合でも、社債管理補助者の設置が可

社債権者

社債権者集会の招集
必要に応じて招集され、保有する社債の金額に応じて議決権を行使する

会社

新株予約権付社債の発行
新株予約権付きで発行できる社債でなく、新株予約権の規定が適用される

CHECK! 新株予約権付社債も発行できる

社債には、利息の支払いが受けられるうえ、期日が到来すれば元本が返還されるという、ローリスク・ローリターンのメリットがあります。しかし、新株予約権のように、株価が上がったときに利益を得られるメリットはありません。両方を加味した新株予約権付社債があります。新株予約権付社債の発行については、とくにまとまった規定はありませんが、社債に関する規定でなく、新株予約権に関する規定を適用する定めです《法248条》。また、新株予約権付社債には、転換社債型と新株引受権型（ワラントともいう）があります。転換社債型は、新株予約権を行使すると社債が株式に転換されるものです。つまり、社債の代金が株式の購入費の代わりになります。一方、新株引受権型では、行使に際して別に代金の払込みが必要になりますが、社債はそのまま保有できるものがあります。

MEMO **転換社債：**株式に転換できる社債。2002年の商法改正まで転換社債と呼ばれていたが、現在は「転換社債型新株予約権付社債」と呼ぶこともある。ＣＢ（Convertible Bond）とも略する。

新株発行などによる
スタートアップの資金調達

● スタートアップは借入れも容易ではない

　新株発行、社債発行と並ぶ第3の資金調達の方法として、**金融機関から
の借入れ**があります（⇨P.162参照）。中小企業の資金調達の方法としては、
最も一般的なものです。

　というより、信用力や知名度の低い中小企業にとっては、唯一の資金調
達方法といえるかもしれません。上場企業や大企業にとっては、新株発行
や社債発行も容易ですが、中小企業にはハードルが高いものなのです。

　しかし、金融機関からの借入れには、原則として担保の提供が必要です
し、経営者の個人保証を求められることもあります。とくに、歴史が浅く
信用力の点で劣るスタートアップにとっては、借入れも簡単な方法ではあ
りません。

　その一方で、時代が変わる中、上場をねらう、あるいはある程度、会社
を成長させた時点で、高値で株を売却することをねらうスタートアップも
近年は増えています。

　そうしたベンチャー企業の資金調達の方法として増えているのが、**新株
や新株予約権を発行して、特定の投資家に引き受けてもらう**方法です。

● 資金調達に会社法の定めを駆使する

　新株や新株予約権を引き受けてもらう投資家としては、ベンチャーキャ
ピタルや、その事業分野に興味を持つ事業会社、個人投資家（エンジェル）
などがあります。これらの投資家は、利息や配当ではなく、売却時の差益
（キャピタルゲイン）をねらって投資します。

　そのためには、**一部または全部の株式を自由に譲渡できる公開会社にな
る必要**があります（⇨P.168参照）。募集の方法は通常、第三者割当増資
です（⇨P.164参照）。その際、経営権を投資家に支配されないよう、議
決権がない種類株式などが利用されるケースもあります（⇨P.84参照）。
この資金調達の方法では、会社法の定めが全体に駆使されるわけです。

決算と配当の ルール

株式会社の計算・会計

帳簿や決算書の作成なども会社法に定められている

❖ 財政状態や経営成績を株主・債権者に報告する

　会社法は、株主や債権者の保護を目的とした法律です。株主が安心して出資できるように、また債権者が貸倒れなどの心配なしに会社と取引できるように、いろいろな定めを設けています。

　株主や債権者が安心して会社とつき合うには、第一に、会社の財政状態や経営成績を明らかにしなければなりません。

　そこで会社法は、第2編株式会社の中に、第5章計算等の章を設け、**会社の財政状態や経営成績を、株主や債権者に向けて報告する**ことを求めています**《法431条〜465条》**。

❖ 会社法が定める「計算等」の内容とは

　計算等の章で定められているのは、右図のような内容です。

　まず、会計の原則として**「一般に公正妥当と認められる企業会計の慣行」に従う**ことが定められています**《法431条》**。

　ただし、「一般に公正妥当」の内容は定められていません。一般的には、企業会計原則や、企業会計基準委員会などが公表している会計基準を含む、複数の慣行と考えられています。

　次の会計帳簿は、**帳簿の作成や保存、株主などの閲覧**について定めた部分です（⇨次項参照）。

　さらに、計算書類についての定めがあります。計算書類とは、いわゆる決算書の会社法上の呼び方です。**貸借対照表、損益計算書、株主資本等変動計算書、個別注記表**の4つとされています（⇨P.182参照）。

　計算書類とともに、事業報告の作成も定められていますが、事業報告も含めた場合は「計算書類等」という呼び方をします。

　資本金、剰余金についての定めもあります（⇨P.192、196参照）。

　この章では、以上のような会社の計算、会計について見ていきます。

MEMO　**企業会計原則**：1949年に当時の企業会計制度対策調査会が公表した会計基準。一般原則、損益計算書原則、貸借対照表原則の3つから構成されている。

会社法が定める「計算等」とは

（第2編株式会社の第5章計算等の内容。持分会社については第3編持分会社の第5章計算等に同様の定めがある）

1	会計の原則

「一般に公正妥当と認められる企業会計の慣行」に従う

2-1	会計帳簿

作成・保存・株主などの閲覧が定められている

2-2	計算書類

下記の4つの計算書類の作成などが定められている

貸借対照表	損益計算書	株主資本等変動計算書	個別注記表

2-3	連結計算書類

企業グループの計算書類について定められている

3	資本金

資本金、減資，増資などについて定められている

4～6	剰余金

剰余金の配当、決定する機関、配当の責任などが定められている

CHECK! 計算書類にはキャッシュフロー計算書がない

決算書についてご存じの方の中には、キャッシュフロー計算書が含まれていないことに気づいた方がいるでしょう。キャッシュフロー計算書は、金融商品取引法に定められた財務諸表なので、会社法の計算書類には含まれません。金融商品取引法は、株式市場などの投資家を保護することを目的として、財務情報の開示などを定めた法律です。さらに、公平な課税を目的とする法人税法では決算報告書に、販売費及び一般管理費の明細が求められます。このように会社の会計は、目的と内容が異なる3つの法律の規制を受けているので「会計のトライアングル」と呼ばれています。

MEMO **企業会計基準委員会**：現在の日本の会計基準を定めている民間の委員会。2001年から、それまで会計基準の設定にあたってきた企業会計審議会に代わり、会計基準の設定・公表を行っている。

計算書類を作成するには、まず会計帳簿の作成が必要

❖ 会社は会計帳簿を作成しなければならない

　株主や債権者に、会社の財政状態や経営成績を報告するのは計算書類の役割ですが、計算書類を作成するためには、まず会計帳簿を作成しなければなりません。

　会社計算規則は、計算書類（と附属明細書）は会計帳簿にもとづいて作成しなければならないと定めています**《計算規則59条3項》**。そして、**会社は「正確な」会計帳簿を作成しなければならない**というのが、会社法の定めです**《法432条1項》**。

❖ 会計帳簿にはどのようなものがあるか

　ただし会社法は、どんな会計帳簿を作成すればよいのか、具体的な帳簿の名前をあげていません。

　そこで、会計の原則（☞前項）にのっとり、「一般に公正妥当と認められる企業会計の慣行」に従うことになりますが、その1つである企業会計原則には次のようにあります。

　「正規の簿記の原則にしたがって、正確な会計帳簿を作成しなければならない」

　正規の簿記（複式簿記）で一般に用いられるのは、**仕訳帳・総勘定元帳の主要簿と、得意先元帳や現金出納帳などの補助簿**です。会社は、これらの帳簿を作成することになります。貸借対照表や損益計算書を作成するために現金、売掛金、借入金、売上、仕入、光熱費などの種類（勘定科目）にきちんと分けて記帳することが求められているのです。

　なお、帳簿と聞くと、紙を綴じ込んだ分厚い冊子というイメージですが、現在では電磁的記録も認められています。

　会社法は、作成と同時に会計帳簿の保存と、株主などによる閲覧についても定めています（☞右ページ参照）。

複式簿記：決算書（計算書類）を作成するためのしくみ、正規の簿記。1つの取引を2つの側面（左右、借方と貸方）に分けて記録することから複式の名称がある。

計算書類のために会計帳簿を作成する

会計帳簿

〈主要簿〉

仕訳帳
日付順にすべての取引を記録する帳簿。勘定科目にあてはめ、左右に分けて記録する（仕訳）

総勘定元帳
勘定科目ごとにすべての取引を整理して記録する帳簿。仕訳帳の仕訳から転記する

〈補助簿の例〉

仕入先元帳
得意先元帳

現金出納帳
預金出納帳

仕入帳
売上帳

商品有高帳

など

正確な会計帳簿にもとづいて作成する

計算書類

| 貸借対照表 | 損益計算書 | 株主資本等変動計算書 | 個別注記表 |

CHECK! 会計帳簿は10年間保存しなければならない

作成した会計帳簿は10年間保存しなければなりません《法432条2項》。また、原則として、総株主の議決権の100分の3以上を保有する株主や、発行済み株式の100分の3以上を保有する株主などは、営業時間内ならいつでも、閲覧や謄写を請求することができます《法433条1項》。会社はこれを拒むことができません。ただし、株主の権利の確保や行使のための調査以外の目的で請求したときなど、会社が請求を拒める場合があります《2項一号〜五号》。

MEMO **取引**：複式簿記の対象になる事柄。商取引だけでなく、会社の財産と損益に関係する事柄、例えば災害による損失や、固定資産の売却による利益などもすべて取引として簿記の対象になる。

貸借対照表、損益計算書などの決算書を計算書類という

❖ 貸借対照表は財政状態をあらわす

　株式会社は、4つの計算書類を作成しなければなりません。貸借対照表、損益計算書、株主資本等変動計算書、個別注記表の4つです《**法435条2項、計算規則59条**》。

　会計帳簿から作成する計算書類を、貸借対照表から見ていきましょう。

　企業会計原則の貸借対照表原則には「企業の財政状態を明らかにするため」とあります。会社の財政状態を明らかにするために、**会社の資産と、その資産のために調達した負債と純資産を左右に並べて表示**しているのが貸借対照表です。

　右上図は、貸借対照表の中項目までを抜き出しています（勘定科目は省略）。年度末の財政状態をあらわしているため、「○年○月○日現在」となっているのが特徴です。この年度の終了日が、決算日です。

❖ 損益計算書は経営成績をあらわす

　次に、損益計算書は「企業の経営成績を明らかにするため」とされています。経営成績とは、すなわち会社の損益です。右下図のように、**会社の損益を明らかにするために収益と費用を計算し、5段階の利益を表示**します。

　年度の損益をあらわしているため、期間の表示は「自○年○月○日　至○年○月○日」です。この期間を、会計期間といいます。

> **CHECK!** 　**貸借対照表と損益計算書は複式簿記のゴール**
>
> 貸借対照表と損益計算書は、複式簿記のしくみで決められた手続きの流れの、最後の段階で作成されるものです。複式簿記は、取引（⇨前ページ参照）に始まり、仕訳帳や総勘定元帳を経て、最後に貸借対照表と損益計算書を作成します。この流れは「簿記一巡の手続き」と呼ばれています。

 会社計算規則：会社法を補うために計算書類に使用される用語などをまとめた法律。約160条からなる。

貸借対照表

(○年○月○日現在)

(単位：百万円)

科目	金額	科目	金額
(資産の部)		**(負債の部)**	
流動資産	×××	流動負債	×××
固定資産	×××	固定負債	×××
有形固定資産	×××	負債合計	×××
無形固定資産	×××		
投資その他の資産	×××	**(純資産の部)**	
繰延資産	×××	株主資本	×××
		評価・換算差額等	×××
		株式引受権	×××
		新株予約権	×××
		純資産合計	×××
資産合計	×××	負債・純資産合計	×××

損益計算書

(自○年○月○日　至自○年○月○日)

(単位：百万円)

科目	金額	
売上高		×××
売上原価		×××
売上総利益		×××
販売費及び一般管理費		×××
営業利益		×××
営業外収益	×××	
営業外費用	×××	
経常利益		×××
特別利益	×××	
特別損失	×××	
税引前当期純利益		×××
法人税、住民税及び事業税	×××	
法人税等調整額	×××	
当期純利益		×××

第**7**章

決算と配当のルール

183

株主資本等変動計算書、個別注記表も作成の義務がある計算書類

❖ 株主資本等変動計算書で純資産の増減がわかる

　会社法435条2項と、会社計算規則59条に定める、第3の計算書類は「株主資本等変動計算書」という純資産の変動状況をあらわす書類です。株主資本等変動計算書は、会社法によって新たに作成が義務づけられた、比較的新しい計算書類です。

　株主資本等とは、貸借対照表の純資産の部のことをあらわしています。その名のとおり、右図のように純資産の部と同じ項目をとり（右図の縦の列の見出し）、もう一方（横の行の見出し）は期首・期末の残高や、期中の変動額などです。

　これにより、例えば自己株式の列を上から下に見ていくと、**期首の残高がいくらで、期中の自己株式の処分がいくら、期末の残高がいくらか**がわかります。同様に、資本金や準備金、剰余金などの増減もわかるしくみです。このような株主資本等変動計算書の内容は、法令に定められています《**計算規則96条**》。株主資本等変動計算書は、**貸借対照表の純資産の増減がわかる計算書類**なのです。

　とくに剰余金は、株主への配当などの分配可能額にも関わるものなので重要です（⇨P.196参照）。

❖ 個別注記表も計算書類のうち

　第4の計算書類は「個別注記表」といいます。個別注記表も、会社法で作成が義務づけられた計算書類です。

　計算書類の1つですが、計算ではなく、**重要な会計方針やその変更、表示方法の変更などについて、個別の説明をする**ものになっています。

　例えば売上の計算方法に変更があった場合、過去との比較が容易にできなくなります。そのような基準を変更したときに記載するように定められているのです。具体的には右図に一部あげたような内容です《**計算規則98条**》。

● **株主資本等変動計算書**

株主資本等変動計算書

自○年○月○日　至自○年○月○日)

(単位：百万円)

	株主資本										
	資本金	資本剰余金			利益剰余金					自己株式	株主資本合計
		資本準備金	その他資本剰余金	資本剰余金合計	利益準備金	その他利益剰余金		利益剰余金合計			
						○○積立金	繰越利益剰余金				
○年○月○日残高	×××	×××	×××	×××	×××	×××	×××	×××		△×××	×××
事業年度中の変動額											
新株の発行	×××	×××		×××							×××
剰余金の配当					×××		△×××	△×××			△×××
当期純利益							×××	×××			×××
自己株式の処分										×××	×××
○○○○○											
株主資本以外の項目の事業年度中の変動額（準額）											
事業年度中の変動額合計	×××	×××	－	×××	×××	－	×××	×××		×××	×××
○年○月○日残高	×××	×××	×××	×××	×××	×××	×××	×××		△×××	×××

	評価・換算差額等				株式引受権	新株予約権	純資産合計
	その他有価証券評価差額金	繰延ヘッジ損益	土地再評価差額金	評価・換算差額等合計			
○年○月○日残高	×××	×××	×××	×××	×××	×××	×××
事業年度中の変動額							
新株の発行							×××
剰余金の配当							△×××
当期純利益							×××
自己株式の処分							×××
○○○○○							
株主資本以外の項目の事業年度中の変動額（準額）	×××	×××	×××	×××	×××	×××	×××

● **個別注記表**

1. 継続企業の前提に関する注記
2. 重要な会計方針に係る事項に関する注記
3. 会計方針の変更に関する注記
4. 表示方法の変更に関する注記

　　　　　　：

MEMO **継続企業の前提：**企業が将来、無期限に事業を継続するという前提、ゴーイングコンサーン。継続企業の前提に重要な疑義を抱かせる場合には「継続企業の前提に関する注記」が必要になる。

計算書類ではなく、会計以外の重要な事項を報告する

❖ 会計以外の内容を重点的に報告する

　計算書類とともに、会社法が作成を義務づけているのが、事業報告です。株式会社は、計算書類と事業報告、これらの附属明細書を作成しなければならないと定めています《法435条2項》。

　このうち事業報告は、**事業年度ごとの事業内容や会社の状況を報告する文書**です。旧商法では「営業報告書」という名称で計算書類に含まれていましたが、会社法では会計に関する内容以外に重点を置き、計算書類等の1つという位置づけになっています。

　ただし、計算書類とともに、**株主総会に提供することが必要**です《法437条》。また、会計に関する内容に重点を置かないため、会計監査人設置会社でも会計監査人の監査は必要ありません。監査役や、監査委員会などの監査は必要です《法436条2項》。

❖ 事業報告に記載する内容

　事業報告に記載する内容は、会社法施行規則に「事業報告等の内容」として詳しく定められています《施行規則117条～128条》。

　まず、すべての会社が記載すべき事項を規定し、次いで公開会社《119条》、会社参与設置会社《125条》、会計監査人設置会社《126～127条》、事業報告の附属明細書《128条》などについて定める構成です。主なものをあげると右図のようになります。

> **CHECK!** すべての株式会社が記載しなければならない事項は
>
> 右表にあるように、計算書類とその附属明細書の内容になる事項以外の重要な事項が、基本的に記載しなければならない事項です《施行規則118条一号》。ただし、会社が右表の特別な事項にあげた内容を決定・決議しているときは、公開会社などでなくてもその内容を記載しなければなりません《二号～五号》。

事業報告とは

● 計算書類と事業報告の関係

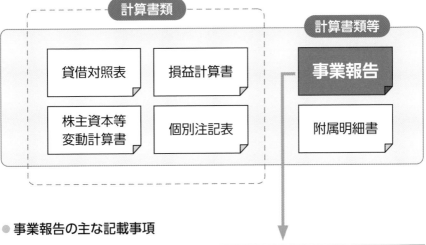

● 事業報告の主な記載事項

記載すべき会社	記載すべき事項
すべての会社	・会社の状況に関する重要な事項 （計算書類の内容以外のもの）
公開会社	・会社の現況に関する事項 ・会社役員に関する事項 ・株式に関する事項 ・新株予約権に関する事項
会計参与設置会社	・会計参与に関する事項
会計監査人設置会社	・会計監査人に関する事項
大会社	・業務の適正を確保するための体制等の整備に関する事項
特別の事項を 決定している会社	・業務の適正を確保するための体制等の整備に関する事項 ・株式会社の支配についての基本方針に関する事項 ・特定完全子会社に関する事項 ・親会社との間の取引に関する事項
附属明細書	・事業報告の内容を補足する重要な事項

> **MEMO** **特定完全子会社**：株式を100％保有している完全子会社であり、なおかつその子会社株式が自社の損益計算内にある資産の部に対して20％超を占めている場合の子会社の呼び方。

計算書類を作成して監査を受け、株主総会を招集する

◆ 決算は、まず計算書類を作成する

　計算書類を作成するためには、決算日現在の財政状態や、会計期間の営業成績を明らかにしなければなりません。また、作成した計算書類は、決められた機関の監査や承認を受けたり、報告をしたりする必要があります。これらの一連の手続きが、決算です。

　決算の手続きの流れは、右図のようになります。

　1つの事業年度が終わると、会社は**貸借対照表、損益計算書、株主資本等変動計算書、個別注記表といった計算書類と、事業報告、これらの附属明細書を作成する**のが定めです**《法435条2項、計算規則59条》**。この計算書類等の作成は、代表取締役などや執行役が行います。

◆ 監査を受けて取締役会の承認を得る

　作成された計算書類は、会計監査人設置会社では会計監査人に提出され、その後、監査役（監査役設置会社）、監査委員会（指名委員会等設置会社）、監査等委員会（監査等委員会設置会社）にも、それぞれ提出される決まりです。そして、会計監査人は会計報告を、監査役等は監査報告を作成し、適正に表示されているかなどの意見を表明します**《法436条1項、2項、計算規則121条～132条》**。

　監査を受けた計算書類等は、**取締役会の承認**を受けなければなりません**《法436条3項》**。会計監査人や監査役を設置していない会社の場合は、作成された計算書類等をそのまま取締役会に渡して承認を受けます。

　さらに、株主総会を招集し、**招集を通知する際に株主に提供**しなければなりません**《法437条》**。

　以上が、会社法と会社計算規則の定めによる、株主総会招集までの流れですが、計算書類については原則として、**株主総会の承認を受ける**必要があります（⇨次項参照）。

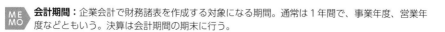
MEMO　会計期間：企業会計で財務諸表を作成する対象になる期間。通常は1年間で、事業年度、営業年度などともいう。決算は会計期間の期末に行う。

決算の手続きの流れ

代表取締役

計算書類等の作成

代表取締役や取締役、執行役が計算書類と
事業報告、附属明細書を作成する

会計監査人

監査役等

作成された計算書類の監査

会計監査人がいる場合に会計監査を行い、
会計監査報告を作成する

監査役 (監査委員会、監査等委員会) がいる場合
に監査を行い、監査報告を作成する

取締役会

計算書類等の承認

取締役会が承認する

株主総会の招集

招集の通知に際して、株主に、
承認を受けた計算書類を提供する

株主総会

計算書類等の承認（原則）

株主総会で承認する。会計監査人設置会社では
承認の必要がない場合がある（☞次項参照）

CHECK! **臨時決算、臨時計算書類もある**

通常、決算は年1回ですが、会社法では年度中に何度でも、年度の途中の日を
臨時決算日として、臨時決算を行うことを認めています。臨時決算で作成され
る計算書類が、臨時計算書類です《法441条、計算規則60条》。臨時計算書類に
より、会社の財産の状況が把握できるので、剰余金の分配可能額の計算ができ
ます（☞P.196参照）。分配可能額が残っていれば、株主総会の承認を受けるな
ど必要な手続きを行うことで、年度の途中に何回でも剰余金の配当が可能にな
るわけです。

計算書類は株主総会の承認を受けるのが原則

◆ 承認が必要な場合、必要ない場合

　監査を受けた計算書類は、原則として**定時株主総会の承認を受ける**ことになっています《**法438条2項**》。事業報告は、定時株主総会で報告するだけでよいという定めです《**3項**》。

　ただし、会計監査人設置会社で、取締役会の承認を受けた場合は、定時株主総会の承認は不要となり、報告だけで済みます《**法439条**》。会計監査人と監査役、両方の監査を受けるので、財産と損益を正しく表示していると考えられるからです。

　取締役会を設置していない会社では、会計監査人を置いても、定時株主総会の承認が必要になります。

　剰余金の配当についても、原則として**株主総会の決議が必要**です《**法454条1項**》。ただし、一定の会社は、取締役会の決議で決められます。

　取締役会で決定できるのは、取締役の任期が1年以内で会計監査人と監査役会を設置している会社、および指名委員会等設置会社、監査等委員会設置会社で監査等委員以外の取締役の任期が1年以内の会社です。定款で定めることにより、取締役会が決定できます《**法459条1項**》。

◆ グループ会社では連接計算書類の作成も

　会社が、子会社とグループを形成している場合に行われるのが、連結決算です。会計監査人設置会社は、子会社と通算した連結計算書類を作成することができます《**法444条1項**》。**上場会社**などの場合は、**連結計算書類の作成が義務**です《**3項**》。

　連結計算書類は、会計監査人と監査役などの監査を受け《**4項**》、取締役会の承認を受けて《**5項**》、定時株主総会の招集を通知する際に、株主に対して提供しなければなりません《**6項**》。定時株主総会に提出・報告しなければならない場合もあります《**7項**》。

株主総会の承認が必要な場合

● 計算書類の承認

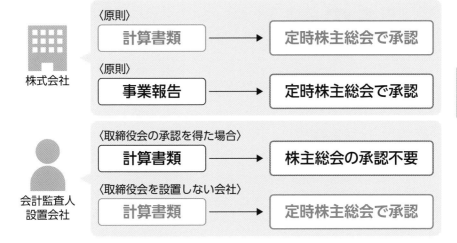

株式会社

〈原則〉
計算書類 → 定時株主総会で承認

〈原則〉
事業報告 → 定時株主総会で承認

会計監査人
設置会社

〈取締役会の承認を得た場合〉
計算書類 → 株主総会の承認不要

〈取締役会を設置しない会社〉
計算書類 → 定時株主総会で承認

● 剰余金の配当

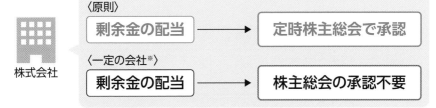

株式会社

〈原則〉
剰余金の配当 → 定時株主総会で承認

〈一定の会社※〉
剰余金の配当 → 株主総会の承認不要

※取締役の任期1年以内、会計監査人と監査役会を設置している会社、および指名委員会
　等設置会社など

CHECK! 株主総会の決議なしで中間配当ができる

剰余金の配当は、定時株主総会の決議を要する場合、年1回になるのが普通ですが、上場会社の多くでは年2回の配当が行われています。これは会社法に中間配当の定めがあるためです。取締役会設置会社は、事業年度の途中に1回に限り、取締役会の決議によって剰余金の配当ができると、定款で定めることができます《法454条5項》。この中間配当については、株主総会の決議が必要ありません。ただし、分配可能額を超えて配当を行った場合、代表取締役などが賠償責任を問われることに変わりはありません（⇨P.122参照）。

株主資本等には資本金と準備金、剰余金などがある

❖ 資本金を減らすには株主総会の特別決議が必要

　計算書類の1つ、貸借対照表の純資産の部には「株主資本」という項目があります（☞P.183参照）。株主資本は通常、貸借対照表上では資本金と資本剰余金、利益剰余金という構成が多くなっています。

　会社計算規則にも、**株主資本等として「資本金、資本剰余金及び利益剰余金をいう」**という定義があります《計算規則2条3項三十三号》。

　株主資本のうち資本金については、第3章で簡単に説明しました（☞P.68参照）。少し補足を加えると、債権者保護の観点から資本金の取り崩しなどは、簡単にできないようになっています。資本金を減らす、いわゆる**減資には株主総会の特別決議が必要**です《法447条1項、309条2項九号》。

　また、資本金の額は、会社設立のときから登記しなければならないことになっています《法911条3項五号》。

❖ 準備金と剰余金がある

　次に、資本剰余金と利益剰余金の項目について見ると、それぞれのうちに「準備金」という項目と「剰余金」という項目があります。次項以降で具体的に見ますが、準備金は「準備」という名がついているように、将来のために準備しておく性質のお金です。

　一方、剰余は「余り」という意味ですから、資本金や準備金を除いた、文字どおり余りのお金になります。株主への配当や自社株の取得は、この余り＝剰余金から行われるので、**剰余金がないときは配当などを行うことができません**（☞P.196参照）。

　剰余金以外の資本金と準備金は、債権者保護のために簡単には取り崩せないように守られているわけです。

株主資本は資本金だけではない

● 貸借対照表の株主資本

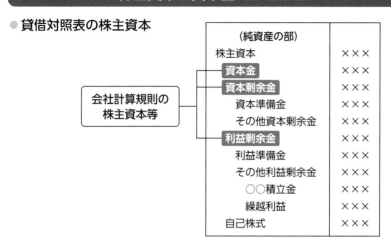

	(純資産の部)	
	株主資本	×××
	資本金	×××
	資本剰余金	×××
	資本準備金	×××
	その他資本剰余金	×××
	利益剰余金	×××
	利益準備金	×××
	その他利益剰余金	×××
	○○積立金	×××
	繰越利益	×××
	自己株式	×××

会社計算規則の株主資本等

● 株主資本の構成

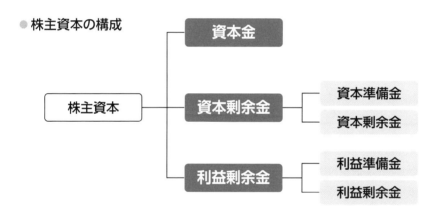

株主資本
- 資本金
- 資本剰余金
  - 資本準備金
  - 資本剰余金
- 利益剰余金
  - 利益準備金
  - 利益剰余金

CHECK! そもそも「資本」とは

一般用語としての資本には「元手」といった意味があります。株主資本は、会社が事業を行うために、株主が出資した元手というわけです。実際、貸借対照表の純資産の部は、会計基準が改正される前は資本の部という名称でした。今でも経営分析などでは、純資産の部を自己資本、負債の部を他人資本と呼ぶ例があります。純資産は返済の必要がない自己の資本、負債は返済の必要がある他人の資本という意味です。自己資本の額を負債・純資産の合計で割った自己資本比率は、会社の安全性をはかる代表的な経営分析の指標になっています。

資本準備金と利益準備金は
会社法に定められた法定準備金

◆ 払込金額の2分の1以下は資本準備金にできる

　資本金の項目（⇦P.68参照）でも説明しましたが、株主から株式の代金として払い込まれた額の2分の1を超えない金額は、資本金としないことができます**《法445条2項》**。ただし、その金額は**資本準備金として計上**しなければなりません**《3項》**。

　多くの会社が、この定めを利用して資本準備金を計上しています。なぜかというと、前項でふれたように、資本金の取り崩しには株主総会の特別決議が必要になるからです。その点、**資本準備金なら原則として株主総会の普通決議で減少が可能です《法448条1項》**。ただし両方とも公告などが必要になります。

　資本準備金を利用するメリットに節税も考えられます。税法には資本金の額が少ない企業を優遇する定めがいくつもあるからです。

◆ 配当額の10分の1以上は準備金にも

　準備金には、資本準備金のほか利益準備金があり、この2つは会社法にで**積立てが義務づけられているため「法定準備金」**と呼ばれています。

　準備金として計上される金額にも2つあります。1つは、上で説明したように、株主から払い込まれた金額のうち、資本金としなかった2分の1を超えない金額です。もう1つ、剰余金の配当を行う場合は、**配当額の10分の1以上を準備金として計上しなければなりません《法445条4項》**。その他利益剰余金を原資とする場合、利益準備金にはこの配当額の10分の1の額だけ計上されます。

　ただし、この準備金の積立てには、上限も設けられています。資本準備金と利益準備金の合計が、資本金の額の4分の1以上になったら、それ以上の計上は必要ありません**《計算規則22条1項一号》**。債権者を保護する一応の目安として4分の1あればよいと考えられているからでしょう。

資本準備金と利益準備金の積立て方

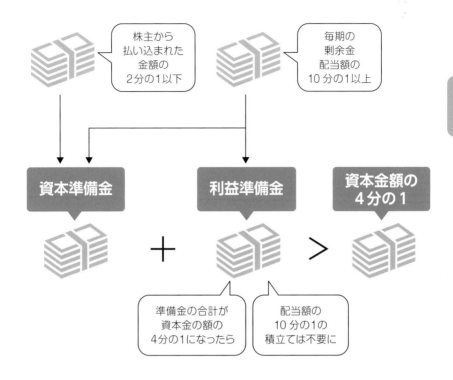

株主から
払い込まれた
金額の
2分の1以下

毎期の
剰余金
配当額の
10分の1以上

資本準備金

利益準備金

**資本金額の
4分の1**

準備金の合計が
資本金の額の
4分の1になったら

配当額の
10分の1の
積立ては不要に

準備金を減少させる

資本準備金と利益準備金は原則として、株主総会の普通決議によって準備金を減少させることができます《法448条1項》。ただし、準備金の額がマイナスとなるような減少はできません《2項》。減少させた準備金は、資本準備金は資本剰余金に、利益準備金は利益剰余金にすることが可能です。剰余金とすることにより、会社はその金額をより自由に使えるようになります。このような手続きを行うケースとしては、赤字経営が続いたことなどにより利益剰余金がマイナスになり、その補てんのために準備金を剰余金に振り替えることが多いようです。

MEMO **税法上のメリット：**例えば資本金1億円超と1億円未満の企業で法人税の税率が異なるなど、資本金の少ない企業に対して様々な税制優遇がある。

配当や自己株式の取得など
剰余金の分配には規制がある

◆ 会社の財産が流出することを防ぐ

資本金や法定準備金には、もともと債権者保護のために会社の財産を確保する役割があります。しかし、会社法の定めでは、資本金も準備金もゼロにすることが可能ですし、その金額を会社で保管する必要もありません。

債権者を保護するためにも、剰余金から会社の財産が無制限に流出するような事態は避けなければなりません。

会社の財産の流出としては、まず剰余金の配当による分配があります。また、自社株式の取得も、実質的な株主への出資の払戻しになり、配当と同じ意味を持つ分配です。

そこで会社法は、これらについて分配規制を定めています。

◆ 配当などは分配可能額を超えてはならない

まず会社法は、剰余金を厳密に定義しています《法446条》。**資産の額から、負債、資本金、準備金などの額を差し引いたもの**が剰余金です。

その事業年度末日時点の剰余金から、その後に行った自己株式の処分や配当額を差し引き、分配時の剰余金を算出の上《法461条1項》、細かな調整をして分配可能額を計算します《法461条2項》。自己株式の帳簿価額や、臨時決算をした場合の損失なども対象です《2項三号、五号》。

そして、配当などは、この**分配可能額を超えてはならない**と定めているわけです《法461条1項》。

この分配可能額の計算は簡単ではありませんが、大きく分けると右図の3つのステップで行われます。

まず、配当や自己株式の取得を行う直前の決算日（会計期間の末日）時点の剰余金の額を計算し、次に決算日から配当などの分配を行う時点までの増減を計算し、最後に分配時点の剰余金の額を計算して、細かな調整をして分配可能額を算定するという流れです。

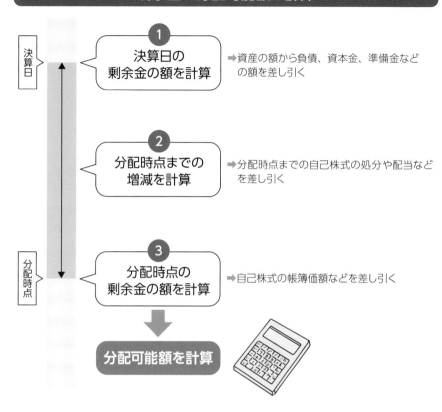

剰余金の分配可能額の計算

決算日

①
決算日の
剰余金の額を計算
➡資産の額から負債、資本金、準備金などの額を差し引く

②
分配時点までの
増減を計算
➡分配時点までの自己株式の処分や配当などを差し引く

分配時点

③
分配時点の
剰余金の額を計算
➡自己株式の帳簿価額などを差し引く

分配可能額を計算

CHECK! **純資産が300万円以上なければ配当できない**

以上のような分配規制とは別に、会社の純資産の額が300万円以上なければ、配当はできないという定めがあります《法458条》。資本金や準備金をゼロにした場合でも、一定額の純資産を持つことが求められているわけです。300万円という金額は、かつての旧商法にあった最低資本金制度から引き継いでいます（⇨P.69参照）。最低資本金制度では、株式会社は1,000万円以上、旧有限会社は300万円以上の資本金を有する定めがありました。最低資本金制度は廃止されましたが、旧有限会社の300万円という最低資本金額が、配当が認められる際の最低純資産額として引き継がれているのです。原則として、株式会社は剰余金の配当を行うことができますが《法453条》、現実にはこの300万円の純資産額と、上記の分配可能額の規制をクリアして初めて配当が可能になります。

企業の間で広がる
「非財務情報」の開示

● 財務諸表からサステナビリティ報告書へ

　従来、企業や投資家が最重要視していたのは、財務諸表に代表される財務情報でした。投資家は、主に財務情報をチェックして投資先を決め、企業は財務情報の迅速・積極的な開示に力を注いでいたのです。

　しかし近年は、**財務諸表にあらわれない「非財務情報」が重視される**傾向が高まっています。

　従来から、非財務情報の開示はありました。例えば、ＣＳＲ報告書とかＣＳＲリポートと呼ばれるのは、自社のＣＳＲ（企業の社会的責任）の取組みについて、ＳＲＩ（社会的責任投資）の投資家などに向けて開示する報告書です。

　それが近年は、ＳＤＧｓ（持続可能な開発目標）やＥＳＧ（環境・社会・ガバナンス）の考え方が社会に広まり、サステナビリティ報告書や、財務情報も含めた統合報告書として開示する企業が増えています。

● 非財務情報の開示で投資を呼び込む

　こうした動きの背景には、ＥＳＧ投資などの広がりがあります。企業のＥＳＧへの取組みが投資の指標の１つとなり、取組みの度合いを評価するＥＳＧ格付けもいまや一般的です。

　自社に投資を呼び込むためにも、**企業はＥＳＧなどに取り組み、投資家やステークホルダーに対して積極的に非財務情報を開示**していかなければなりません。

　政府も、2023年度からの大企業の非財務情報の開示義務化に向けて動き出しています。具体的には会社法ではありませんが、金融商品取引法に定められた有価証券報告書に、管理職に占める女性の割合や、男女の賃金格差などの開示を求める方向です。

組織再編のルール

M&A、合併、会社分割など

M&A＝複数企業の組織再編には いろいろな方法がある

❖ 会社は、なぜM&Aを行うのか

　会社が事業を拡大・成長させようとしたとき、ゼロから新規事業を立ち上げたり、新しい市場を開拓するには膨大なコストと時間がかかります。とくに、かなりの時間を要することは、スピードが求められる現代の企業経営にとって大きな壁です。そこで、その事業分野や市場で、**すでに一定の実績を持つ企業を買収したり、合併したりする**ことで、短時間で事業を拡大・成長させようというのが、M&Aなのです。

　買収や合併を受ける側にとっても、組織再編により得意分野への集中ができたり、中小の企業であれば、事業承継の方法として用いられたりといったメリットがあります。ベンチャー企業の場合、買い手企業の経営資源を用いて、事業を加速させることもできます。

　M&Aは、文字どおりの意味は「Mergers & Acquisitions」、すなわち合併と買収ですが、**2社またはそれ以上の複数の企業の間で行われる組織再編**なども含まれ、広い意味で用いられる用語です。

　会社法にはM&Aの様々な手法が定められています。

❖ 会社法が定めるM&Aの様々な手法

　M&Aの手法には大きく分けて、買収・再編と合併があります。買収・再編の中にも、**株式譲渡、事業譲渡**と、組織再編と呼ばれるものがあります。組織再編には、**合併、会社分割、株式交換、株式移転、株式交付**が含まれます。合併にも、**吸収合併**と**新設合併**があります。

　どの方法にも会社法の定めがあり、どの方法をとるかによって、根拠となる定めが異なります。

　右図にあげたのがM&Aの主な手法です。それぞれの手法については次項から具体的に見ていきます。

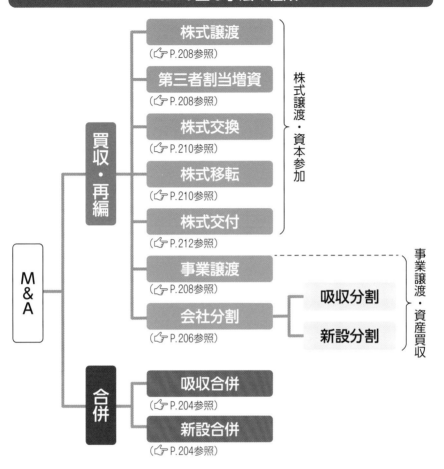

M&Aの主な手法の種類

M&A

- 買収・再編
  - 株式譲渡 （⇨P.208参照）
  - 第三者割当増資 （⇨P.208参照）
  - 株式交換 （⇨P.210参照）
  - 株式移転 （⇨P.210参照）
  - 株式交付 （⇨P.212参照）

    } 株式譲渡・資本参加

  - 事業譲渡 （⇨P.208参照）
  - 会社分割 （⇨P.206参照）
    - 吸収分割
    - 新設分割

    } 事業譲渡・資産買収

- 合併
  - 吸収合併 （⇨P.204参照）
  - 新設合併 （⇨P.204参照）

CHECK! M&Aでは買収監査が行われる

買収などの基本合意がなされ、最終的な契約締結に至るまでの間には、しばしば買い手側による買収監査が行われます。買い手側の企業から派遣された公認会計士や弁護士などが、数日かけて財務諸表の正確性などを確認する監査です。デューデリジェンスともいい、略してデューデリ、DDなどと呼ぶこともあります。財務に関する精査を行い、財務上・税務上のリスクを探る財務デューデリジェンス、法律上のリスクを探る法務デューデリジェンスなどを行うのが一般的です。

株主総会の特別決議なしで組織再編できる場合がある

❖ 手続きの原則は株主総会の特別決議

　前項で見たM＆Aのうち、合併、会社分割といった組織再編では、会社と株主などの利害関係人が大きな影響を受けることになります。

　そこで会社法は、会社が組織再編を行う場合には、売主側・買主側ともに**原則として株主総会の特別決議が必要**としています《**法309条など**》。

　組織再編を行う場合には、厳格な株主総会の招集手続きを経て、議決権の過半数を有する株主が出席し、出席した株主の議決権の３分の２以上の賛成（特別決議）がなければなりません。

　これが、会社が組織再編を行う際の手続きの原則です。

❖ 特別決議が省略できる2つの場合とは

　しかし、会社と株主に大きな影響がない組織再編にまで、厳格な手続きが必要となると、組織再編の本来の目的であるスピーディな経営が損なわれることになります。そこで会社法は、会社と株主に大きな影響がない組織再編で、株主総会の特別決議を省略できる場合を２つ認めています。

　１つは、簡易組織再編です。M＆Aの対象の会社・事業の規模が小さい場合などで、一定の要件を満たすと、M＆Aを行う会社（買主側）では株主総会の承認を省略できます。

　簡易組織再編は、右図にあげたM＆Aで行うことが可能です。

　もう１つは、略式組織再編といいます。**特別支配関係（他社の議決権の90％以上を保有する関係）にある会社間の組織再編**について、対象会社（売主側）の株主総会の承認を省略することが可能です。

　略式組織再編を行うことができるM＆Aには、右図にあげたものがあります。

　なお、株式の売却に会社の承認を要する、公開会社以外の会社の場合は、簡易組織再編と略式組織再編が認められていません。

MEMO **特別支配関係**：議決権の90％以上を保有する会社は、支配株式会社という（90％を上回る割合を定款で定めることも可）。100％子会社を通じて合計で90％以上を保有している場合も含まれる。

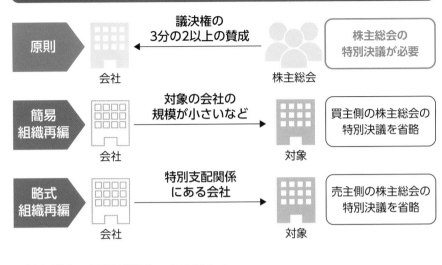

株主総会の承認が省略できる場合

| 原則 | 会社 → 議決権の3分の2以上の賛成 ← 株主総会 | 株主総会の特別決議が必要 |

| 簡易組織再編 | 会社 → 対象の会社の規模が小さいなど → 対象 | 買主側の株主総会の特別決議を省略 |

| 略式組織再編 | 会社 → 特別支配関係にある会社 → 対象 | 売主側の株主総会の特別決議を省略 |

● 株主総会の承認が省略できるM&A

簡易組織再編	●吸収合併《法796条2項》 ●吸収分割《法784条2項、796条2項》 ●新設分割《法805条》　●株式交換《法796条2項》 ●事業譲渡《法467条1項二号（事業譲受は法468条2項）》※
略式組織再編	●吸収合併《法784条1項、796条1項》 ●吸収分割《法784条1項、796条1項》 ●株式交換《法784条1項、796条1項》 ●事業譲渡《法468条1項（事業譲受は法468条1項）》※

※事業譲渡は組織再編ではないが、同様の簡易・略式の手続きが用意されている。

CHECK! **株主には組織再編の差止請求ができる場合も**

組織再編には様々なルールが定められていますが、現実にはルールに反して組織再編を強行することも可能です。そこで、組織再編が法令や定款に違反する場合などは、事前に差止請求をすることが認められています。請求ができるのは、組織再編により不利益を受けるおそれがある株主です《法784条の2、796条の2、805条の2》。ただし、簡易組織再編の場合は、原則として差止請求ができません《法796条の2ただし書き》。略式組織再編については差止請求が認められます。差止めは迅速に行われる必要があるため、仮処分の手続きで進められます。

MEMO **仮処分**：将来の権利を保全するために、正式な裁判の前に裁判所が行う暫定的な処置。モノ（係争物）に関するものと、仮の地位を定めるものがある。

会社の合併には
新設合併と吸収合併がある

❖ 実際の合併は吸収合併がほとんど

　M＆Aの手法のうち、合併では、2つ以上の会社が契約を交わして1つの会社になります。1つの会社になる方法は2つあり、1つは**すべての会社が解散し、同時に新しい1つの会社をつくる**方法です。これを「新設合併」といいます《**法2条二十八号**》。

　もう1つの方法は「吸収合併」です《**二十七号**》。吸収合併では**1つの会社が存続し、他はすべて解散して存続会社に吸収されます**。

　このように、会社法上は2つの方法がありますが、実際に行われているのは吸収合併がほとんどです。

❖ 吸収合併の手続きを見てみると

　吸収合併の場合を例に、合併の手続きを見てみましょう。

　吸収合併をする会社は、まず合併契約を作成し、取締役会設置会社では取締役会の決議により、合併契約を締結します《**法362条4項**》。

　反対株主には株式買取請求権がありますから《**法785条、797条**》、株主総会に先立って反対表明し、実際に反対の議決権を行使した場合は、会社はその株式を買い取ることになります。株主と同様、合併に異議を述べることができるのが債権者です《**法789条1項、799条1項**》。異議を述べる債権者に対しては、弁済や、相当の担保の提供などをしなければなりません《**法789条5項、799条5項**》。また、株主や債権者に情報を提供するために、合併契約書など一定の事項を記載した書類を作成し、本店に備え置かなければなりません《**法782条1項、794条1項**》。

　合併には、原則として**株主総会の特別決議による承認が必要**になります《**法309条2項十二号**》。合併の効力発生日は、契約で定められた日です《**法750条1項**》。存続会社の変更登記などを経て、合併の手続きが完了しますが、6ヵ月間は合併契約書などを本店に備え置く必要があります。

合併の手続きの流れ

合併会社	**合併契約の作成**	被合併会社
取締役会	**取締役会決議**	取締役会
合併会社	**合併契約の締結**	被合併会社
合併会社	**反対株主に対する手続き 債権者保護の手続き**	反対株主・債権者
合併会社	**合併契約書などの備置き**	被合併会社
株主総会	**株主総会の承認**	株主総会

（効力の発生）

合併会社	**存続会社の変更登記 解散会社の解散登記**
合併会社	**事後開示書類の備置き**

※事後の備置きは合併会社で行う

CHECK! ▶ **合併に三社が関わる三角合併とは**

吸収合併では、消滅会社の株主に対して、株式の対価を支払わなければなりません。その対価は、存続会社の株式でも、金銭その他の財産でもよいとされています《法749条1項二号》。そこで、存続会社に親会社がある場合、親会社の株式を対価として交付することがあります。この場合、消滅会社の株主は存続会社の、親会社の株主になるわけです。合併に3つの会社が関わることになるので、これを「三角合併」と呼んでいます。ただし、新設合併では、新設会社の株式を交付するのが原則です。新設会社は新しい株主を得る必要があるからです。対価も原則、新設会社の株式のみで、金銭等の交付も認められません。新設会社の財産を損なうことになるためです《法753条1項六号～九号》。

MEMO **合併会社／被合併会社：**吸収合併の場合、存続する会社が合併会社、解散する会社が被合併会社。
合併会社は存続会社、被合併会社は解散会社、消滅会社などともいう。

第8章 組織再編のルール

事業の一部だけを引き継ぐ 組織再編もある

❖ 新設分割・吸収分割、物的分割・人的分割がある

　前項の合併では、会社全体が合併会社に承継されますが、全体でなく、事業の全部または一部だけを承継させる組織再編もあります。それが会社分割です（**会社法第5編第3章会社分割《法757条〜766条》**）。会社分割では、たとえ事業の全部を承継させても、会社（分割会社）は残ります。

　会社分割にも、新設分割と吸収分割があります。新設分割は、**新会社を設立して事業を承継させる**ものです。吸収分割では、**既存の会社に事業を承継させます**。

　どちらの会社分割でも、事業を承継した会社（承継会社）が事業分割の対価として与えるのは、原則として株式です。その方法としては、**分割会社そのものに与える方法**（物的分割）と、**分割会社の株主に与える方法**（人的分割）があり、新設分割・吸収分割と組み合わせて4つの方法があります。

　ただし、会社法では人的分割を、物的分割と剰余金の配当（承継会社の株式を配当）として扱うので、とくに人的分割に関する定めはありません**《法758条八号、763条十二号》**。

　なお、吸収分割では対価を金銭などにもできます**《法758条四号》**。

❖ 吸収分割・新設分割の手続きは

　吸収分割にあたっては、まず分割契約（新設分割では分割計画）を作成し**《法757条、762条》**、**株主総会の特別決議による承認を受けます《法783条、795条、804条、309条》**。契約・計画の内容は、分割会社と承継会社の名称、承継される資産、債務その他の権利義務などです**《法758条、763条》**。反対する株主には、**株式買取請求権が認められ《法785条、806条》**、**債権者保護の手続きも必要**です**《法789条、810条》**。

　吸収分割は、分割契約で定められた日（新設分割では新会社の設立登記）により効力が発生します**《法758条七号、764条1項》**。

吸収分割と新設分割

吸収分割

分割会社
事業A　事業B

承継会社
事業C

分割会社
事業A

承継会社
事業B　事業C

新設分割

分割会社
事業A　事業B

分割会社
事業A

承継会社（新会社）
事業B

物的分割

株主

分割対価

分割（事業Bを継承）

分割会社　承継会社

人的分割

株主

分割対価（株式）

分割（事業Bを継承）

分割会社　承継会社

CHECK! ## 会社分割では労働者も保護される

会社分割が行われると、労働者は承継会社に転籍するか、分割会社に残ることになります。いずれにしても、会社の形や労働環境が変わり、大きな影響を受けることは必須です。そこで「会社分割に伴う労働契約の承継等に関する法律」（労働契約承継法）が定められています。会社法の特例法で、附則を除いてわずか8条の短い法律です。そこでは、一定の労働者への通知義務《労働契約承継法2条》、不利益を受ける一定の労働者は異議申立てができること《4条、5条》、労働者の理解と協力を得るよう努めること《7条》などが定められています。

MEMO **特例法**：適用対象がより広い一般の法律を一般法といい、対象が特定されている法律を特例法という。会社法が一般法であるのに対し、労働契約承継法は特例法という関係になる。

事業や株式を売買して組織再編をする

◆ 事業譲渡は事業の売買契約

　会社分割と似たM&Aの手法に、事業譲渡があります。**事業の全部または重要な一部を、他の会社に譲渡して承継させる**もので、効果の点では会社分割と似ています。ただし、事業譲渡の場合は通常の売買契約となるので、譲渡する資産や債務を契約によって選択できる自由度があります。

　事業譲渡は、会社法上の組織再編にはあたらないので、会社法上の特別な定義はありません。ただし、株主総会の特別決議や、反対株主の株式買取請求権など、手続きについての規定があります**《法467条〜470条》**。

◆ 株式譲渡は最も基本的な企業の買収

　事業譲渡と名前が似たものに、株式譲渡があります。譲渡とつく点は同じですが、内容は異なるものです。株式譲渡では、**その会社の株主から譲渡を受けて株式を取得し、議決権などを行使して会社を支配下に置きます。**

　事業の分割や組織再編などはなく、株主が変わるだけで、M&Aとして最も基本的な買収の手法の1つです。

　法人が、会社のすべての株式を取得すれば、その会社を100%子会社とすることができますが、3分の1以上でも特別決議の拒否、2分の1超で普通決議による取締役の選任・解任などが可能になります。

　株式譲渡の手続きなどについては、**会社法の株式の譲渡等の定めに従うことが必要です《法127条〜145条》**。

　株式譲渡は、株式の取得によるM&Aの手法ですが、同じく株式取得による手法としては、第三者割当増資もあげられます。**売り手側が新株を発行し、買い手側に引き受ける権利を割り当てる**ものです。企業再生のためのM&Aなどでよく利用されます。

　このほか，会社法上の組織再編として、株式交換、株式移転、株式交付がありますが、これらについては項を改めて説明します。

事業譲渡と株式譲渡

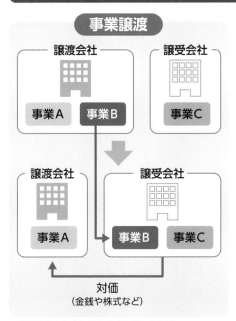

事業譲渡

譲渡会社

事業A　事業B

譲受会社

事業C

↓

譲渡会社

事業A

譲受会社

事業B　事業C

対価
（金銭や株式など）

※売買契約のため金銭や株式などで支払う

譲ります

株式譲渡

株主 ←株式譲渡→ 譲受会社
　対価
　（金銭や株式など）

支配 ↓

対象会社

↓

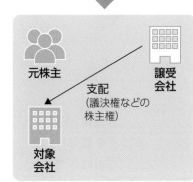

元株主　　　　　譲受会社

支配
（議決権などの
株主権）

対象会社

CHECK! 株式市場の外で買い付けるTOB

　TOBも、株式の取得によるM＆Aの一種です。TOBはTake Over Bidの略で、日本語では「株式公開買付け」といいます。買い手側が特定の会社の株式を取得することを告知し、株主から直接、株式を買い取る方法です。上場会社の株式を株式市場の外で買い付ける場合は、原則としてTOBによることが必要になります。M＆Aの手法の1つではありますが、買収先の取締役会などの同意を得ずに行う、敵対的買収などで利用されることも多い手法です。TOBに関する定めは、会社法でなく金融商品取引法にあります。

株式の交換や移転で 100%子会社・親会社をつくる

❖ 株式を交換して完全親・子会社にする

　会社法上の組織再編には、すでに見た合併と会社分割のほか、株式交換、株式移転、株式交付があります。

　ここでは、株式交換と株式移転を見てみましょう。この2つはいずれも、**100%子会社・親会社をつくるM&A**です。純粋持株会社のもとで、企業グループをつくるための手法なのです（右ページ参照）。

　まず、株式交換では、簡単にいうと、**子会社になる会社の株主が持つ株式を、親会社になる会社の株式などと交換します**。交換によって親会社になる会社は100%の株主になり、両社は完全親・子会社となるわけです。株主に対する交換の対価は、金銭などにもできます《**法768条1項二号**》。

　手続きは、株主交換契約書を作成し《**法767条**》、両社ともに株主総会の特別決議で承認を得ます《**法783条1項、795条1項、309条2項**》。効力発生日には、子会社になる会社の株主が持つ株式が親会社の所有になり、子会社の株主は親会社の株主になります《**法769条**》。

❖ 新会社を設立して完全親・子会社にする

　次に、株式移転は、新しい会社を設立して、既存の会社の完全親会社にする手法です。簡単にいうと、**親会社になる会社に、子会社になる会社の株式を取得させ、株主は代わりに親会社の株式などを受け取ります**。これによって、新会社は完全親会社、既存の会社は完全子会社となります。

　株式移転の場合も、子会社になった会社の元株主は、親会社になった会社の株主になるわけです（株式に代えて社債などを交付することも可能）。

　手続きは、子会社になる会社が株式移転計画を作成し《**法773条**》、株主総会の特別決議を受けることが必要です《**法804条1項、309条2項**》。親会社の成立の日（設立登記の日）に効力が発生し、新会社は完全親会社に、既存会社の元株主は親会社の株主になります《**法774条**》。

MEMO **完全親会社／完全子会社**：ある株式会社の発行済株式の全部（100%）が別の株式会社に保有されている場合、保有している会社を完全親会社、保有されている会社を完全子会社という。

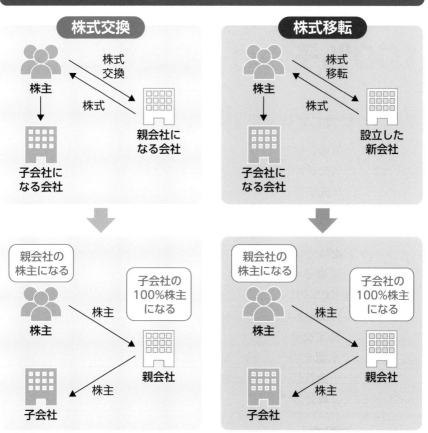

株式交換と株式移転

株式交換

株主 →(株式交換)→ 親会社になる会社
株主 ←(株式)←
株主 → 子会社になる会社

↓

親会社の株主になる
株主 →(株主)→ 親会社
子会社の100%株主になる
親会社 →(株主)→ 子会社

株式移転

株主 →(株式移転)→ 設立した新会社
株主 ←(株式)←
株主 → 子会社になる会社

↓

親会社の株主になる
株主 →(株主)→ 親会社
子会社の100%株主になる
親会社 →(株主)→ 子会社

CHECK! 純粋持株会社とは

純粋持株会社は、グループ会社の事業をコントロールすることを事業の目的にした会社です。そのため、自らは事業を行わず、グループ各社の株式を所有します。売上は子会社から得る配当です。ほとんどの場合、○○ホールディングスという商号になっています。わざわざ純粋持株会社のもとでグループをつくるのは、親会社が子会社の事業戦略の立案に集中できる一方で、各子会社はそれぞれの経営責任を明確にできるメリットがあるためです。また、各子会社が合併しなくても、統一された企業ブランドで事業を展開できるメリットもあります。

株式を対価にして 100%未満の子会社をつくる

❖ 株式交付では部分的な株式の取得ができる

　株式交換と株式移転では、子会社になる会社の全部（100%）の株式を取得する必要があります《法2条三十一号、三十二号》。しかし、M&Aにあたっては、必ずしも100%の株式取得が必要とは限りません。そこで、同じように自社の株式を対価にして、部分的な株式の取得ができる方法も設けられています。それが、株式交付です《法2条三十二号の二》。

　株式交付は、2019年に公布された改正会社法で定められたものです。

❖ 株式交付の手続きは

　株式交付では、対象会社を子会社にするために株式取得の割合を自由に選択可能です。51%取得して通常の子会社とすることも、100%取得して完全子会社にすることも可能です。

　手続きとしては、まず交付側の親会社が株式交付計画を作成する必要があります《法774条の2》。作成した計画などは、株式交付計画備置開始日から、効力発生後6ヵ月間、本店に備え置きます《法816条の2　1項》。

　交付側の親会社では原則として、株主総会の特別決議による承認が必要です《法816条の3　1項、309条2項十二号》。反対株主の株式買取請求権《法816条の6》、株式交付の対価に金銭などが含まれる場合は債権者の異議に対応する必要もあります《法816条の8　1項》。

　また、子会社の株主に対しては、株主交付計画の通知を行います《法774条の4　1項》。譲渡を希望する株主には、親会社が交付する物や株式数などを定め、申込者に通知する定めです《法774条の3　1項》。

　株式交付計画に記載されている効力発生日には、子会社の株式が親会社に譲渡され、代わりに子会社の株主が親会社の株主になります《法774条の7、774条の11》が、譲り受けた株式数などを記載した書面を効力発生日から6ヵ月間、本店に備え置かなければなりません《法816条の10》。

株式交付の手続きの流れ

親会社 株式交付計画の作成

本店 事前開示書類の備置き 株主・債権者

株主総会 株主総会の承認

親会社 債権者保護の手続き 債権者

親会社 子会社株主に対する
計画の通知・公告 子会社株主

親会社 反対株主に対する手続き 反対株主

（効力の発生）

本店 事後開示書類の備置き 株主・債権者

CHECK! 株式交付と株式交換の違い

株式交付は、名称も、しくみも株式交換とよく似ていますが、最大の違いは株式を取得する割合を自由に選べる点です。本文でふれたように、51％を取得して通常の子会社にすることもできるし、100％取得して完全子会社とすることも株式交付では認められます。また、株式交付では親会社になれるのは株式会社だけです《法2条三十二号の2》。株式交換では、合同会社も親会社になれます。そのほか、株式交付では対価として金銭等を加えて支払うことができますが、株式を全く交付しないことは認められません《法774条の3　1項三号、四号》。株式交換では、すべて金銭などで支払うことが可能です。

会社を消滅させる
手続きのスタート地点

◈ 会社の清算は解散から始まる

　組織再編ではありませんが、会社が形を変える最後の手続きは、会社を消滅させるときに行われます。会社は法人ですから、その**法人格をなくす**わけです。そのスタート地点となる手続きを、解散といいます。

　ただし、解散によってすぐに、法人格がなくなるわけではありません。会社には資産や債務があり、株主や債権者がいますから、返すものは返し、残りがあれば株主の間で分けなければなりません。この手続きを清算といい、原則的には、**清算が終了するまで会社は法人格を持ち続けます**。

　清算が終了することを結了といい、結了によって会社の法人格がなくなります。会社が解散し、結了した場合は、**会社を消滅させるために登記が必要**になります。

　解散から結了までの期間、通常の事業を行うことはできません。できるのは基本的に、①現状の業務を終了させる、②債権の取立てと債務の弁済、③残余財産の株主への分配となっています《法481条一号〜三号》。これを行うのが、清算人です。

◈ 解散による清算が行われる4つのケース

　会社法は、**解散の事由として右図の6つをあげています**《法471条一号〜六号》。このうち、清算の手続きが必要になるのは、右図の4つ（①②③⑥）の場合です《法475条》。

　まず、定款に会社の存続期間や解散事由の定めがあった場合、その期間の終了や解散事由の発生により解散します。株主総会の特別決議でも、解散が可能です。また、裁判所による解散命令があった場合なども、解散になります。ただし、裁判所による破産手続き開始の決定があったときは、破産手続きの中で破産管財人による清算が必要です。また、合併による場合は、解散と同時に会社が消滅し、清算の手続きなしに法人格がなくなります。

 清算人：清算中の会社で、法481条に定められた業務を行う者。株主総会の決議や定款の定めで選任され、どちらもない場合は取締役が清算人となる《法478条1項》。

会社の法人格がなくなるまで

解散（清算手続きの開始、法人格は存続） 法人格あり

解散事由（①～⑥）

①定款で定めた存続期間の終了

②定款で定めた解散事由の発生

③株主総会の特別決議

⑥解散を命じる裁判

⑤裁判所による破産手続き開始の決定

④合併による消滅

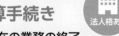
清算手続き 法人格あり
1 現在の業務の終了
2 債権の取立・債務の弁済
3 残余財産の株主への分配

破産手続き
（破産管財人による清算）

結了（清算手続きの終了）

破産手続きの終了

法人格の消滅

第8章 組織再編のルール

CHECK! **休眠会社にはみなし解散も**

何かの事情で会社を続けられなくなったときは、定款の定めなどがなくても、株主総会の特別決議で解散を決定し、清算の手続きに入ればよいわけです。しかし、実際には何の手続きもせずに事業を停止し、そのまま放置されてしまう会社がたくさんあります。休眠会社と呼ばれる会社です。そこで会社法は、休眠会社のみなし解散という定めを設けています《法472条》。最後に登記があったときから12年が経過した会社を休眠会社とし、官報で事業を停止していない届け出をするよう催告をするものです。そのうえで、2ヵ月経過しても届け出がないときは解散とみなし、法務省の職権で解散の登記が行われます。

MEMO **破産管財人：**破産した会社の財産の管理・処分、債権者に対する弁済などを行う者《破産法2条12項》。通常は裁判所が管轄地域内で会社や債権者と利害関係がない弁護士を選任する。

債務が完済できる通常清算と債務超過の場合の特別清算がある

◆ 通常の清算は清算人が進める

　会社の法人格を消滅させるための、清算の手続きには2種類あります。**通常の清算**に対して《**法475条**》、**特別清算は債務をすべて弁済できない、すなわち債務超過などのおそれがある場合の清算**です《**法510条**》。

　通常の清算では、選任された清算人が、債権者に債権の届け出を行うよう通知し《**法499条**》、会社の財産目録や貸借対照表を作成して株主総会で承認の決議を受けます《**法492条**》。

　そして、残った財産を換金したり、債権を回収して、債務の弁済にあてるわけです。その後でなければ、原則として残余財産を株主に分配することはできません《**法502条**》。

　すべての清算事務が終了すると、清算人は決算報告を作成し、株主総会の承認決議を受けて清算が終了します《**法507条**》。

◆ 特別清算は裁判所の開始命令から

　一方、特別清算は、**債務が完済できないおそれがあるときに、債権者との協定により清算を行う**ものです。清算人や債権者、株主などが裁判所に申し立て、裁判所が開始を命じるとスタートします《**法510条、511条、514条**》。

　清算人は、債務の一部免除や、弁済期限などについて協定案を作成し、債権者集会に提出することができます《**法563条**》。協定の成立には、出席債権者の過半数の賛成、かつ債権額の3分の2以上の賛成が必要です《**法564条〜567条**》。可決された協定は裁判所に申し立て、裁判所の認可により効力が発生します《**法568条〜571条**》。債権者集会で否決されたり、裁判所で不認可になった場合は、破産手続きの開始です《**法574条**》。

　特別清算の手続きが結了すると、裁判所により特別清算終結の決定がされます《**法573条**》。

破産：特別清算では債権者の同意が必要だが、破産の場合は同意は不要。ただし、残った財産の処分などは裁判所の決定に従わなければならない。

清算には通常清算と特別清算がある

通常清算

株主総会の解散決議

↓

清算人の選任

↓

債権者の債権の届け出

↓

財産目録・貸借対照表の
作成、株主総会の承認

↓

残余財産の換価、債権の回収

↓

債務の弁済

↓

残余財産の分配

↓

株主総会への決算報告、承認

特別清算

株主総会の解散決議

↓

清算人の選任

↓

債権者の債権の届け出

↓

裁判所へ申立て

↓

裁判所の開始命令

↓

協定案の作成

↓

協定案の決議・認可

↓

協定内容の実行

↓

特別清算の終結決定

CHECK! 倒産には法的な定めがない？

会社の消滅というと、まず思い浮かぶのは倒産という言葉ですが、実は、倒産という用語には法律的な定めがありません。会社法をはじめ、どの法律にも倒産という用語は出てこないのです。ですから、明確な定義もないわけですが、一般的には、会社が業務を続けられなくなったことをあらわす用語として使われています。6ヵ月以内に不渡手形を2回出して、銀行取引が停止された場合などがよく引合いに出される例です。会社が倒産した場合、可能なら私的整理などを行いますが、それが無理なら特別清算や破産などの手続きになります。ただし、会社を再生させる道もあることを覚えておきましょう。

敵対的買収と
ポイズンピル

● ニュースでよく耳にする敵対的買収とは

　本文で説明した合併、吸収分割、株式交換などは、相手の会社の株主総会で特別決議を経る必要があります。先方の株主の圧倒的な支持を得るわけですから、友好的なM＆Aです。

　これに対して、ニュースでよく耳にする敵対的買収は、株主総会どころか、相手の会社の取締役会の同意も得ないで買収を仕掛けます。相手の同意を求めないわけですから、その方法は基本的に**株式取得、すなわち株式の買占め**です。

　議決権の3分の1以上を買い占めれば、相手の会社の株主総会で合併などの特別決議を阻止できます。2分の1を上回るなら、取締役などの選任・解任ができますから、直接的に会社を支配することが可能です。

● ポイズンピルは新株予約権を利用する

　敵対的買収に対する防衛策として、よくいわれる「ポイズンピル（毒薬条項）」とは、**新株予約権を利用した買収防衛策**です。簡単にいうと、自社の株主に新株予約権を発行しておき、敵対的買収を仕掛けられたときに買収者以外に新株が発行されるようにしておきます。

　その結果、敵対者が買い占めた株式の数は、相対的に全体に占める割合が低くなり、当初目標とした3分の1以上、2分の1以上の議決権が得られなくなるしくみです。公開会社では、新株予約権の発行は取締役会の決議で可能ですから、比較的簡単に実行できます**《法201条、240条》**。

　ただ、この方法は会社のためというより、現経営陣の保身のために利用されることも多いものです。そのため、経産省と法務省が策定している買収防衛策指針では、**株主総会の特別決議を経て導入するなど、濫用を防ぐ**ことが求められています。

索引

● 監修者紹介

弁護士法人　横浜パートナー法律事務所

横浜で、企業のパートナーになりたいとの思いで、2007年に設立。労働事件、英文和文の契約作成・審査、商標等知的財産権事案などを手掛ける。また、顧問弁護士として、関東を中心に、多数の企業をサポートしている。

　　ホームページ　https://ypartner.com/

〈所属弁護士〉

大山 滋郎（おおやま じろう）　神奈川県弁護士会所属

弁護士法人横浜パートナー法律事務所代表弁護士。
東京大学法学部、Washington University in St. Louis, LL.M. 卒業
メーカーの法務部門に15年間勤務。その間に日本の弁護士資格を取得すると共に、米国のロースクールに留学し、ニューヨーク州弁護士の資格も取得。企業の常識を持った弁護士として、企業活動をサポートしている。著書に『一晩でわかる　経営者の法律知識』（双葉社）、『これだけは知っておきたい「副業」の基本と常識』（フォレスト出版）、『企業の常識・弁護士の非常識』（ブックウェイ）等。

下田 和宏（しもだ かずひろ）　神奈川県弁護士会所属

明治大学法学部卒、同大学法科大学院卒。2012年弁護士登録。新潟の法律事務所、都内の法律事務所での勤務経験を経て、2017年より横浜パートナー法律事務所へ入所。一般民事、家事事件や刑事事件などの個人の依頼から中小企業を中心とした企業法務まで幅広い分野の事件解決に努める。

杉浦 智彦（すぎうら ともひこ）　神奈川県弁護士会所属

同志社大学法学部、京都大学法科大学院卒。2015年弁護士登録。関西の法律事務所で経験を積んだ後、横浜パートナー法律事務所に入所し現在に至る。主に中小企業法務を扱う。著書に『中小企業法務のすべて〔第2版〕』（商事法務、2023）〔共著〕、『事業承継法務のすべて〔第2版〕』（きんざい、2021）〔共著〕。

佐山　洸二郎（さやま こうじろう）　神奈川県弁護士会所属

中央大学法学部、同法科大学院卒。2017 年の弁護士登録後、横浜パートナー法律事務所に入所。主に企業法務や刑事分野を扱うと共に、企業の「トラブルを事前に防止する」ことに注力する。また、ホテル・旅館業界の弁護士過疎を解消するための活動をし、多くのホテル・旅館の顧問弁護士を務めている。

越田　洋介（こしだ ようすけ）　神奈川県弁護士会所属

首都大学東京法学部、上智大学法科大学院を経て、2020 年に弁護士登録。同年に横浜パートナー法律事務所に入所し、現職に至る。労務問題を中心とする企業法務を主に取り扱うほか、刑事事件も多く取り扱う。

原田　大士（はらだ だいし）　神奈川県弁護士会所属

大阪大学人間科学部、早稲田大学大学院法務研究科卒業。2020 年弁護士登録後、同年、横浜パートナー法律事務所に入所。知的財産分野、表示規制などに注力。法律家とお客様の両方の視点に立つ「2 つの物差しを持った弁護士」をモットーに、日々精進している。好きな物は現代美術。

本書の内容に関するお問い合わせは、**書名、発行年月日、該当ページを明記**の上、書面、FAX、お問い合わせフォームにて、当社編集部宛にお送りください。**電話によるお問い合わせはお受けしておりません。**また、本書の範囲を超えるご質問等にもお答えできませんので、あらかじめご了承ください。

　FAX：03-3831-0902

　お問い合わせフォーム：https://www.shin-sei.co.jp/np/contact-form3.html

落丁・乱丁のあった場合は、送料当社負担でお取替えいたします。当社営業部宛にお送りください。
本書の複写、複製を希望される場合は、そのつど事前に、出版者著作権管理機構（電話：03-5244-5088、FAX：03-5244-5089、e-mail：info@jcopy.or.jp）の許諾を得てください。
JCOPY ＜出版者著作権管理機構　委託出版物＞

図解わかる　会社法

2023年3月15日　初版発行

監 修 者	弁護士法人 横浜パートナー法律事務所
発 行 者	富 永 靖 弘
印 刷 所	誠宏印刷株式会社

発行所　東京都台東区　株式　**新星出版社**
　　　　台東2丁目24　会社
　　　　〒110-0016　☎03(3831)0743

© SHINSEI Publishing Co., Ltd.　　　　Printed in Japan

ISBN978-4-405-10394-8